RICHARD WAGNER

DAS RHEINGOLD

VORABEND ZU DEM BÜHNENFESTSPIEL
»DER RING DES NIBELUNGEN«

VOLLSTÄNDIGES BUCH
WORTLAUT DER PARTITUR
HERAUSGEGEBEN UND EINGELEITET VON
WILHELM ZENTNER

PHILIPP RECLAM JUN. STUTTGART

Universal-Bibliothek Nr. 5641
Alle Rechte vorbehalten. Gesamtherstellung: Reclam, Ditzingen
Printed in Germany 1981
ISBN 3-15-005641-1

Nach der Vollendung des *Lohengrin* galt Richard Wagners Schaffen weiterhin dem Stoffbereiche der Sage. Ihr ist er auch treugeblieben, als er nach dem Mißlingen des Dresdner Maiaufstands 1849 für die nächsten zehn Jahre das Asylrecht der Schweiz in Anspruch nehmen mußte. Insbesondere war es die Gestalt Siegfrieds, die ihn fesselte. In ihr ist, wenn auch später die Schwerpunkte sich zugunsten Wotans verschoben haben, der Ansatzpunkt des gesamten Nibelungendramas zu suchen. Im Herbst 1848 bereits hatten die Pläne eine erste literarische Fixierung in der Abhandlung *Der Nibelungen-Mythus als Entwurf zu einem Drama* erfahren. Bald folgte die Niederschrift der Operndichtung *Siegfrieds Tod*, die im allgemeinen der späteren *Götterdämmerung* entspricht und an die nordische Überlieferung der Sage anknüpft. Hier schon griff der Dichter zu dem aus den Liedern der Edda übernommenen Stabreimvers, der ihm dem Charakter des Stoffes und der handelnden Personen besonders gemäß erschien. Freilich handelte es sich keineswegs um eine Nachbildung im Sinne philologischer Treue, sondern nur um eine Übernahme des rhythmischen Prinzips, während Wagner in der Verwendung der Stäbe mit selbständiger Freiheit verfuhr.

In der ersten Zeit des Schweizer Aufenthalts schien es allerdings, als ob Siegfrieds Gestalt vor einer anderen Sagenfigur der Edda, Wieland dem Schmied, die Wagner in der Nachdichtung Simrocks bekannt geworden war, verblassen sollte. In die Zeit von 1849/50 fällt der Entwurf eines dreiaktigen Wieland-Dramas. Bald jedoch gewann die alte Liebe die Oberhand, zumal man, nach der Aufführung des *Lohengrin* unter Franz Liszt, in

Weimar lebhafte Anteilnahme an Wagners künftigem Schaffen zeigte. Im Jahre 1851 kommt es zu einer weiteren intensiven Beschäftigung mit *Siegfrieds Tod*. Nun klingt auch, von der Dichtung angeregt, die Musik in Wagner auf. Allein je tiefer sich der Meister in seine Aufgabe versenkte, desto mehr erstarkte in ihm die Überzeugung, daß zuviel, nur durch langwierige Erzählungen zu bewältigende Vorgeschichte in dem Drama stecke, eine Gefahr, die der unmittelbar dramatischen Wirkung abträglich zu werden drohte. So faßte er den Entschluß, diese Vorgeschichte in einer eigenen dramatischen Schöpfung zu behandeln. Es entstand *Der junge Siegfried*, der die Gewinnung des Hortes im Drachenkampf und Brünnhildes Erweckung darstellte. Allein nach dessen Niederschrift (3. bis 24. Juni 1851) glaubte Wagner, noch weiter ausgreifen zu müssen. Die Beweggründe hat er seinem Freunde und Förderer Franz Liszt in einem Briefe vom 20. November 1851 dargelegt: »Meiner nun gewonnenen innersten Überzeugung nach kann ein Kunstwerk nur dann seine richtige Wirkung haben, wenn die dichterische Absicht in allen ihren irgend wichtigen Momenten vollständig an die Sinne mitgeteilt wird. Ich muß daher meinen ganzen Mythos, nach seiner tiefsten und weitesten Bedeutung, in höchster künstlerischer Deutlichkeit mitteilen, um vollständig verstanden zu werden; nichts darf von ihm irgendwie zur Ergänzung durch den Gedanken, durch die Reflexion übrigbleiben; jedes unbefangene menschliche Gefühl muß durch seine künstlerischen Wahrnehmungsorgane das *Ganze* begreifen können, weil es dann auch erst das Einzelnste richtig in sich aufnehmen kann.«

Im Zuge dieses Strebens wurde im Sommer 1852 die Dichtung der *Walküre* geschaffen. Sie dient dazu, im tragischen Schicksal der Eltern, Siegmund und Sieglinde,

Siegfrieds Herkunft und zugleich Wotans Trennung von Brünnhilde unmittelbar schaubar zu machen. Dieser Trilogie, zu welcher *Der Ring des Nibelungen* nunmehr angewachsen war, wurde im November 1852 noch das abendfüllende Vorspiel *Das Rheingold* vorangestellt, das mit der Schilderung des Goldraubes, der Entstehung des Nibelungenhorts, seiner Entführung durch Wotan und mit Alberichs Fluch notwendige Voraussetzungen zum Verständnis der weiteren Teile, gewissermaßen das Fundament des Ganzen ergab. Damit war eine in der Geschichte der Oper bis dahin noch nicht gekannte Ausdehnung auf vier Abende erreicht worden. Mehr noch als Siegfried rückte Wotan in den Vordergrund der ideellen und dramatischen Interessen, in seinem Schicksal entscheidet sich zugleich das einer ganzen Welt. Wagner hat in dieser Gestalt sein Werk mit Schopenhauerschem Gedankengute durchtränkt, indem er seinen Helden schließlich zur Verneinung des unheilzeugenden Willens gelangen läßt, des Willens zur Macht, von dem nur das höhere, in Brünnhilde verkörperte Prinzip opferbereiter Liebe zu erlösen vermag. Wie weit diese leitende Idee im künstlerischen Gleichnis zur Versinnlichung gediehen ist, bleibt eine mit Vorsicht zu erörternde Frage. Ihre Beantwortung wird von dem individuellen Grad der Empfänglichkeit und Einfühlsamkeit des einzelnen abhängen. Jedenfalls hat Wagner um Gestaltung dieser Idee mit dem vollen Aufgebot schöpferischer Leidenschaft, mit dem Ernst und dem Drang zu letzten Tiefen gerungen.

Im Februar 1853 legte der Meister die gesamte Dichtung in einem Separatdruck dem Kreis seiner Freunde vor. Das Vorwort spricht deutlich aus, daß er sich damit erst am Anfang eines Vorhabens angelangt fühlte, »zu dessen Ausführung ich einer größeren Reihe von Jahren

sowie der außerordentlichen Mithilfe besonders günstiger
Umstände bedarf, da dieses Vorhaben, meiner Absicht
wie der Natur der Sache nach, erst dann verwirklicht
sein kann, wenn mein hier mitgeteiltes Dichterwerk mu-
sikalisch ausgeführt und szenisch dargestellt ist«. Die
Ahnung eines schweren Ringens um die endgültige For-
mung seines Riesenwerks und dessen Erscheinen auf der
Bühne hatte Wagner nicht betrogen; sollte es doch mehr
als zwei Jahrzehnte währen, bis der Schlußstein des
stolzen Gebäudes gefügt war.

Schon während der dichterischen Konzeption hatte
Wagner die Überzeugung gewonnen, daß das zeitgenös-
sische Theater schwerlich der Ort sein würde, wo diese
ungewöhnliche Schöpfung das richtige Verständnis der
Ausführenden wie Aufnehmenden finden könne. Am
12. November 1851 wird Freund Uhlig erster Mitwisser
seiner kühnen Pläne: »Mit dieser meiner neuen Konzeption trete ich gänzlich aus allem Bezug zu unserem
heutigen Theater und Publikum heraus: ich breche bestimmt und für immer mit der formellen Gegenwart.
Fragst Du mich nun, was ich mit meinem Plane vorhabe?
– Zunächst ihn ausführen, soweit es in meinem dichterischen und musikalischen Vermögen steht; dies wird mich
mindestens drei volle Jahre beschäftigen. An eine Aufführung kann ich erst unter ganz anderen Umständen
denken. Am Rheine schlage dann ein Theater auf und
lade zu einem großen dramatischen Feste ein: nach einem
Jahre Vorbereitung führe ich dann im Laufe von vier
Tagen mein ganzes Werk auf. So ausschweifend dieser
Plan ist, so ist er doch der einzige, an den ich noch mein
Leben, Dichten und Trachten setze. Erlebe ich seine Ausführung, so habe ich herrlich gelebt; wenn nicht, so starb
ich für was Schönes. Nur dies aber kann mich noch er-
freuen!«

Der Festspielgedanke, wie er später zwar nicht »am Rheine«, auch nicht in dem zeitweilig zur Debatte stehenden München, sondern im oberfränkischen Bayreuth verwirklicht wurde, ist demnach nahezu ebenso alt wie die ersten Pläne zum *Ring des Nibelungen* selbst, aus und mit diesen geboren. Es lag in der Natur der Sache, daß Wagner sich die Zuhörerschaft nur als »eine Versammlung von Freunden«, den Schauplatz »in irgendeiner schönen Einöde, fern von dem Qualm und dem Industriepestgeruch der Zivilisation« denken konnte.

Die Komposition begann selbstverständlich mit der Vertonung des *Rheingolds*. Im Juli 1853 war der für einige Tage nach Zürich gekommene Franz Liszt ganz für den Festspielgedanken gewonnen worden. Dieser Erfolg verlieh den schöpferischen Impulsen neuen Auftrieb. Auf einer Erholungsreise nach Oberitalien Ende August 1853 stieg in Wagner die musikalische Vision des Orchestervorspiels mit derart zwingender Gewalt auf, daß der nunmehr völlig im Banne seiner Schöpfung lebende Meister sofort die Reise abbrach und in Zürich mit der Vertonung seines »großen Gedichts« begann. Über die Arbeit, die sich in einem Schaffensprozeß großen Atems von Anfang September 1853 bis Ende Mai 1854 vollzieht, unterrichtet ein Selbstzeugnis aus *Mein Leben:* »Was die Technik meiner Arbeit betraf, geriet ich alsbald in Verlegenheit, jenes im Halbtraume in Spezia konzipierte Orchestervorspiel in meiner gewohnten Art der Skizzierung auf zwei Linien aufzuzeichnen. Ich mußte sofort zum vollständigen Partiturformular greifen; dadurch wurde ich zu einer neuen Art meines Skizzierens überhaupt verleitet, wonach ich nur die allerflüchtigsten Bleistiftumrisse für die sofortige Verarbeitung in der vollständigen Partitur entwarf. Dies zog mir für später bedenkliche Schwierigkeiten zu, da die mindeste Unterbrechung meiner Arbeit mich die Bedeutung der flüchtigen Skizzen oft vergessen machte und ich diese dann mühsam mir wieder zurückrufen mußte. Bereits am 14. Januar 1854 war die ganze Komposition entworfen und somit in seinen wichtigsten thematischen Beziehungen der Plan zu dem ganzen musikalischen Gebäude des vierteiligen Werkes vorgezeichnet. Wenn eben hier, in diesem großen Vorspiele, waren diese thematischen Grundsteine für das Ganze zu legen gewesen ... Die Partitur des *Rheingoldes* zeichnete ich zunächst mit Bleistift auf einzelne Blätter schnell auf. Am 28. Mai (1854) war auch die Instrumentation vollendet.«

Schon in *Rheingold* erscheint Wotan auf einer absinkenden Linie seiner einst allbeherrschenden Macht. Um sein Regiment neu zu festigen, hat er sich von den Riesen die Burg Walhall türmen lassen, für diesen Dienst aber Fréia, die Göttin ewiger, den Lichtalben unentbehrlicher Jugend, zum Pfand setzen müssen. Allerdings war es ihm nicht ernst mit diesem Handel, denn durch Loges, des listigen Feuergottes, Beistand hofft er ein Lösegeld zu finden, das den Riesen Freias Besitz aufwiegt. Unterdessen hat der Nibelung Alberich, der Liebe entsagend, den Wassertiefen das Rheingold entrissen und daraus einen Ring geschmiedet, der ihm maßlose Macht verleiht. Als Knechte müssen ihm die Nibelungen fronen und einen gewaltigen Hort schaffen. Auf diesen Hort lenkt Loge die Begehrlichkeit der Riesen; er dünkt diesen noch erstrebenswerter als Freia. Durch Loges List setzt sich Wotan in den Besitz des Hortes und des Ringes, der von Alberich mit einem todbringenden Fluch belegt wird. Die Riesen werden mit dem Horte bezahlt. Als sie auch noch den Ring heischen, zögert Wotan. Erdas Warnung erst bestimmt ihn, sich von dem Reif zu trennen. Furchtbar erfüllt sich sofort des Fluches Kraft, denn um des Ringes willen erschlägt Fafner den Bruder Fasolt. Auf einer Regenbogenbrücke ziehen die Götter in Walhall ein, jedoch aus den Tiefen dringt der Gesang der Rheintöchter, die des Goldes Raub beklagen.

Was die Fülle der Geschehnisse anlangt, ist *Rheingold* nahezu der ereignisreichste Teil der Tetralogie. Pausenlos fließt der Strom der Handlung dahin, noch kaum gehemmt durch jenes spekulative Element, das sich zur Versinnlichung der poetischen Idee in den weiteren Teilen bemerkbar macht. Aus Gründen der künstlerischen Ökonomie hat Wagner den vorspielartigen Charakter des *Rheingolds* spürbar betont und diesem nicht durchweg jenes musikalische und dramatische Gewicht gegeben, das die Hauptteile durchwuchtet. Auf weite Partien herrscht eine Art musikalischen Konversationstones; das mythische Urelement lockert sich stellenweise zur beschwingteren Diktion des Märchens. Das schließt indessen nicht aus, daß auch dieser »Vorabend« Stellen von stärkster, Wagners ganzes Genie offenbarender Eindrucksmacht enthält. Schon das einleitende Orchestervorspiel zählt zu des Meisters großartigsten Eingebungen. Der gesamte musikalische Ablauf baut sich aus dem Es-Dur-Dreiklang auf, eine Symbolisierung des vom Urzustand der Ruhe sich lösenden Werdens und Entstehens. Über das zunächst erklingende tiefe Es der Kontrabässe lagert sich in den Fagotten die Quinte B. Über diesem Orgelpunkt steigt sodann auf den Stufen des Es-Dur-Dreiklangs in den Hörnern das Thema des Werdens empor. Dem Moment der Ruhe gesellt sich nunmehr das der Bewegung. Das in immer deutlichere Erscheinung tretende Werdemotiv, unentwegt von neuen Instrumenten aufgenommen, wird nach und nach von flutenden Achtelfiguren umwogt. Im weiteren Verlauf gestaltet sich, unter steter klanglicher Steigerung, das rhythmische Element

noch lebhafter: die Achtelfiguren gehen in Sechzehntel
über. Des Rheines Fluten umrauschen den Hörer, und
die Handlung beginnt. Innerhalb dieser selbst ist Wagner
mit Loge einer der reizvollsten musikalischen Charaktere
gelungen, welche die Ringhandlung beleben; man beklagt
sein Verschwinden im weiteren Verlauf der Tetralogie.
Zu einem natürlichen Höhepunkte steilt Alberichs Fluch
empor; hier befinden wir uns auf einem auch in den
folgenden Teilen nicht allzu oft erreichten Gipfel des
dramatischen Eindrucks, zugleich wächst die Figur
Schwarzalberichs mit diesem grandiosen Ausbruch des
Hasses über sich selbst hinaus. Allerdings erfordert diese
Fluchszene, soll sie zu ihrer vollen Geltung gelangen,
einen Darsteller und Ausdruckskünstler größten Stils.

Wenn Wagner ursprünglich gedacht hatte, in einem
Zeitraum von drei Jahren die gesamte Tetralogie voll-
enden zu können, so sah er sich in dieser Erwartung ge-
täuscht. Es sollte nahezu zwei Jahrzehnte dauern, bis
Der Ring des Nibelungen in seiner musikalischen Ge-
samtheit vorlag. Zwar wurde unmittelbar nach *Rheingold* mit der Komposition der *Walküre* begonnen, die,
nach einigen Unterbrechungen, im März 1856 zum Ab-
schluß gebracht werden konnte. *Siegfried* schloß sich an;
allein nach der Vertonung der beiden ersten Aufzüge
stockte die Arbeit, denn der Meister, an einer Auffüh-
rungsmöglichkeit seines Bühnenfestspiels verzweifelnd,
erblickte zunächst in der Vollendung von *Tristan und
Isolde* sowie der *Meistersinger von Nürnberg* die vor-
dringlichere Aufgabe. Erst als dank dem Eingreifen König Ludwigs II. von Bayern in des Meisters Lebens-
schicksal die Festspielpläne wieder greifbare Gestalt
anzunehmen versprachen, wurde im Juli 1865 die Arbeit
an *Siegfried* wieder aufgenommen. Durch das Scheitern
der Münchener Theaterhoffnungen wurde sie abermals

verzögert, am 5. Februar 1871 jedoch mit der Vollendung der Partitur abgeschlossen. Die Komposition der *Götterdämmerung* erstreckte sich über die Zeit von 1870 bis 1874. Im August 1876 konnte, nach Überwindung zahlloser Widerstände, endlich das Gesamtwerk im Bayreuther Festspielhause unter Hans Richters musikalischer und Wagners szenischer Leitung zum ersten Male über die Bühne gehen.

Allerdings hatte *Rheingold,* ebenso wie *Die Walküre,* seine Uraufführung bereits einige Jahre zuvor, und zwar unter wenig glücklichen Umständen, erlebt. Die Ungeduld des königlichen Gönners in München glaubte sich zu einer Einzeldarstellung der beiden Werke, obwohl eine solche Wagners Grundsätzen widersprach, berechtigt. »Richard Wagner machte Mir die Partitur des *Rheingold* zum Geschenk, und gibt Mir sein ganzes Nibelungenwerk als Eigentum; das Recht der Aufführung steht also Mir unbedingt zu; außerdem noch muß er Mir auch durch das Gefühl der Dankbarkeit, das er Mir durchaus schuldig ist, verpflichtet sein« – mit diesen Worten rechtfertigte der Monarch seinen Wunsch. Schweren Herzens gab der Meister zunächst seine Einwilligung zu einer Aufführung des *Rheingolds.* Die für ihn unerquicklich gewordenen Theaterverhältnisse in München verboten ihm die persönliche Übernahme der Einstudierung. Hans Richter wurde, als Vertrauensmann des Meisters, mit dieser betraut. Allein nach der Generalprobe legte Richter wegen der zu erwartenden Mängel der Wiedergabe den Dirigentenstab nieder. An seine Stelle trat der Hofkapellmeister Franz Wüllner, unter dessen Stabführung die Uraufführung des *Rheingolds* am 22. September 1869 im Hof- und Nationaltheater vor sich ging. Da Wagners Ansprüche durch die Aufführung keineswegs erfüllt werden konnten, hielt er sich grollend fern, zumal sich der seinerseits verstimmte König kurz vorher geweigert hatte, den sein künstlerisches Recht verfechtenden Meister zu empfangen. So ist die »legitime« Erstaufführung des *Rheingolds* erst sieben Jahre später am 13. August 1876 in Bayreuth erfolgt.

Wilhelm Zentner

Die Worterklärungen auf Seite 16 stammen von Dr. Curt Zimmermann

DAS RHEINGOLD

PERSONEN

Wotan		(hoher Baß)
Donner		(hoher Baß)
Froh	Götter	(Tenor)
Loge		(Tenor)
Fasolt	Riesen	(hoher Baß)
Fafner		(tiefer Baß)
Alberich	Nibelungen	(hoher Baß)
Mime		(Tenor)
Fricka		(tiefer Sopran)
Freia	Göttinnen	(Sopran)
Erda		(Alt)
Woglinde		(Sopran)
Wellgunde	Rheintöchter	(Sopran)
Floßhilde		(Alt)
Nibelungen		(stumm)

SCHAUPLATZ DER HANDLUNG

1. Szene: In der Tiefe des Rheines.

2. Szene: Freie Gegend auf Bergeshöhen, am Rhein gelegen.

3. Szene: Die unterirdischen Klüfte Nibelheims.

4. Szene: Freie Gegend auf Bergeshöhen, wie in der 2. Szene.

Spieldauer: 2½ Stunden

SZENENFOLGE

1. Szene: Die drei Rheintöchter und Alberich.

2. Szene: Wotan, Fricka, Freia, Fasolt und Fafner, Donner, Froh, Loge.

3. Szene: Alberich und Mime, Wotan und Loge.

4. Szene: Alberich, Wotan, Loge; die übrigen Götter und Göttinnen mit Erda. Die drei Rheintöchter (unsichtbar).

ORIGINAL-ORCHESTERBESETZUNG

Streichinstrumente:
    16 Violinen I
    16 Violinen II
    12 Bratschen
    12 Violoncelli
    8 Kontrabässe

Saiteninstrumente:
    7 Harfen

Holzblasinstrumente:
    3 große Flöten
    1 kleine Flöte
    3 Oboen
    1 Englisch Horn
    3 Klarinetten
    1 Baßklarinette
    3 Fagotte

Blechblasinstrumente:
    8 Hörner
    3 Trompeten
    1 Baßtrompete
    4 Posaunen
    2 Tenortuben
    2 Baßtuben
    1 Kontrabaßtuba

Schlaginstrumente:
    2 Pauken
    1 Triangel
    1 Tamtam
    1 Paar Becken
    Ambosse (3 Gruppen)

WORTERKLÄRUNGEN

Alp, Albe *gespenstisches We-*
sen naturdämonischer Art
Balg *Haut, Äußeres*
bar *ledig*
Beute-Runen *Geheimzeichen*
zur Beutegewinnung
darben *verkümmern*
dingen (bedingen) *Vertrag*
schließen
entraten *entbehren, verzich-*
erfinden *erkennen* [*ten*
fahn *fangen*
Fehl *Irrtum, Trug*
fräulich *jungfräulich*
Friedel *Buhlin, Geliebte*
frommen *nützen, förderlich*
Gauch *Tor* [*sein*
Gelichter *Gesindel*
gemuten (muten) *empfinden,*
anmuten
Geneck *boshaftes Spiel*
Geschlüpfer *schlüpfrige*
Steine
Gestemm *Mauerwerk*
glau *glänzend*
Glimmer *glatter Stein*
Heft *Griff*
heim *zuhause*
Holda *Beiname für Freia*
jach *plötzlich*
jüngen *verjüngen*
kiesen *wählen*
kirren *fügsam machen*
Klinze *Spalte, Ritze*
ledigen *frei machen*
leidig *unbequem, schlimm*
Lichtalben *Götter des Lichts*
Lohe *Flamme*
lugen *sehen, schauen*
Lungerer *gieriger Aufpasser*

Mark *Gebiet, Grenze*
nähren *heilmachen, retten*
Neid *Habgier, Mißgunst*
neidlich *begehrenswert,*
kostbar
neidlos *kampflos*
Neidspiel *Kampfspiel*
Neidtat *Untat*
Nicker *Nixe, Kobold*
prusten *schnauben*
Reif *Ring*
rührig *geschäftig*
schleck *glatt, glitschig*
Schwäher *Schwager*
Schwarzalben *Dämonen des*
Dunkels (Gegensatz: Licht-
alben)
schweigen *zum Schweigen*
bringen
sehren *schmerzen, mit einer*
Krankheit befallen
tagen *verhandeln*
talpen *schwerfällig dahin-*
tappen
Tand *Spielzeug*
Wag *Gewässer*
Wala *Göttin geheimer*
Weisheit
walten (einer Sache) *des*
Besitzes pflegen
weihlich *heilig*
werben *erringen*
witzig *schlau*
Witzigung *klugmachende*
Lehre
Zucht *Erziehung, Züchti-*
gung
zwacken *zupfen, zerren*
Zwang *Not, bedrückende*
Herrschaft

ORCHESTERVORSPIEL

Ruhig heitere Bewegung, Es-Dur $^6/_8$

ERSTE SZENE

Auf dem Grund des Rheines

Grünliche Dämmerung, nach oben zu lichter, nach unten
zu dunkler. Die Höhe ist von wogendem Gewässer er-
füllt, das rastlos von rechts nach links zu strömt. Nach
der Tiefe zu lösen sich die Fluten in einen immer feine-
ren feuchten Nebel auf, so daß der Raum der Mannes-
höhe vom Boden auf gänzlich frei vom Wasser zu sein
scheint, welches wie in Wolkenzügen über den nächt-
lichen Grund dahinfließt. Überall ragen schroffe Felsen-
riffe aus der Tiefe auf und grenzen den Raum der
Bühne ab; der ganze Boden ist in ein wildes Zacken-
gewirr zerspalten, so daß er nirgends vollkommen eben
ist und nach allen Seiten hin in dichtester Finsternis
tiefere Schluchten annehmen läßt.

Um ein Riff in der Mitte der Bühne, welches mit seiner
schlanken Spitze bis in die dichtere, heller dämmernde
Wasserflut hinaufragt, kreist in anmutig schwimmender
Bewegung eine der Rheintöchter.

W o g l i n d e. Weia! Waga!
　　　　　Woge, du Welle!
　　　　　Walle zur Wiege!
　　　　　Wagalaweia!
　　　Wallala weiala weia!
W e l l g u n d e s *(Stimme, von oben).*
　　　　　Woglinde, wachst du allein?
W o g l i n d e. Mit Wellgunde wär' ich zu zwei.
W e l l g u n d e *(taucht aus der Flut zum Riff herab).*
　　　　　Laß sehn, wie du wachst.
　　　　(Sie sucht Woglinde zu erhaschen.)
W o g l i n d e *(entweicht ihr schwimmend).*
　　　　　Sicher vor dir.

(Sie necken sich und suchen sich spielend zu fangen.)

Floßhildes *(Stimme, von oben).*

> Heiala weia!
> Wildes Geschwister!

Wellgunde. Floßhilde, schwimm!

> Woglinde flieht:
> hilf mir die Fliehende fangen!

Floßhilde *(taucht herab und fährt zwischen die Spielenden).* Des Goldes Schlaf

> hütet ihr schlecht;
> besser bewacht
> des Schlummernden Bett,
> sonst büßt ihr beide das Spiel!

(Mit munterm Gekreisch fahren die beiden auseinander: Floßhilde sucht bald die eine, bald die andere zu erhaschen; sie entschlüpfen ihr und vereinigen sich endlich, um gemeinschaftlich auf Floßhilde Jagd zu machen; so schnellen sie gleich Fischen von Riff zu Riff, scherzend und lachend.

Aus einer finsteren Schlucht ist währenddem Alberich, an einem Riffe klimmend, dem Abgrunde entstiegen. Er hält, noch vom Dunkel umgeben, an und schaut dem Spiele der Wassermädchen mit steigendem Wohlgefallen zu.)

Alberich. He he! Ihr Nicker!

> Wie seid ihr niedlich,
> neidliches Volk!
> Aus Nibelheims Nacht
> naht' ich mich gern,
> neigtet ihr euch zu mir.

(Die Mädchen halten, als sie Alberichs Stimme hören, mit ihrem Spiele ein.)

Woglinde. Hei! wer ist dort?

Floßhilde. Es dämmert und ruft.

Wellgunde. Lugt, wer uns belauscht!

(Sie tauchen tiefer herab und erkennen den Nibelung.)

Woglinde und Wellgunde.

> Pfui! der Garstige!

F l o ß h i l d e *(schnell auftauchend)*.
        Hütet das Gold!
        Vater warnte
        vor solchem Feind.
(Die beiden andern folgen ihr, und alle drei versammeln
        sich schnell um das mittlere Riff.)
A l b e r i c h. Ihr, da oben!
D i e D r e i. Was willst du dort unten?
A l b e r i c h. Stör ich eu'r Spiel,
        wenn staunend ich still hier steh?
        Tauchtet ihr nieder,
        mit euch tollte
        und neckte der Niblung sich gern!
W o g l i n d e. Mit uns will er spielen?
W e l l g u n d e. Ist ihm das Spott?
A l b e r i c h. Wie scheint im Schimmer
        ihr hell und schön!
        Wie gern umschlänge
        der Schlanken eine mein Arm,
        schlüpfte hold sie herab!
F l o ß h i l d e. Nun lach ich der Furcht:
        der Feind ist verliebt.
        (Sie lachen.)
W e l l g u n d e. Der lüsterne Kauz!
W o g l i n d e. Laßt ihn uns kennen!
(Sie läßt sich auf die Spitze des Riffes hinab, an dessen
        Fuße Alberich angelangt ist.)
A l b e r i c h. Die neigt sich herab.
W o g l i n d e. Nun nahe dich mir!
A l b e r i c h *(klettert mit koboldartiger Behendigkeit,*
  doch wiederholt aufgehalten, der Spitze des Riffes zu).
        Garstig glatter
        glitschriger Glimmer!
        Wie gleit ich aus!
        Mit Händen und Füßen
        nicht fasse noch halt ich
        das schlecke Geschlüpfer!
        Feuchtes Naß

füllt mir die Nase:
verfluchtes Niesen!
                 (Er ist in Woglindes Nähe angelangt.)
Woglinde *(lachend).*
                 Prustend naht
                 meines Freiers Pracht!
Alberich.   Mein Friedel sei,
                 du fräuliches Kind!
                 (Er sucht sie zu umfassen.)
Woglinde *(sich ihm entwindend).*
                 Willst du mich frein,
                 so freie mich hier!
             (Sie taucht auf einem andern Riff auf.)
Alberich *(kratzt sich den Kopf).*
                 O weh; du entweichst?
                 Komm doch wieder!
                 Schwer ward mir,
                 was so leicht du erschwingst.
Woglinde *(schwingt sich auf ein drittes Riff in grö-
ßerer Tiefe).* Steig nur zu Grund:
                 da greifst du mich sicher!
Alberich *(klettert hastig hinab).*
                 Wohl besser da unten!
Woglinde *(schnellt sich rasch aufwärts nach einem
hohen Seitenriffe).*
                 Nun aber nach oben!
Wellgunde und Floßhilde.
                 Hahahahaha!
Alberich.   Wie fang ich im Sprung
                 den spröden Fisch?
                 Warte, du Falsche!
                 (Er will ihr eilig nachklettern.)
Wellgunde *(hat sich auf ein tieferes Riff auf der
andern Seite gesenkt).*
                 Heia! Du Holder!
                 Hörst du mich nicht?
Alberich *(sich umwendend).*
                 Rufst du nach mir?
Wellgunde. Ich rate dir wohl:

               zu mir wende dich,
               Woglinde meide!

A l b e r i c h *(klettert hastig über den Bodengrund zu Wellgunde).* Viel schöner bist du
               als jene Scheue,
               die minder gleißend
               und gar zu glatt.
               Nur tiefer tauche,
               willst du mir taugen!

W e l l g u n d e *(noch etwas mehr zu ihm sich herabsenkend).* Bin nun ich dir nah?

A l b e r i c h. Noch nicht genug!
               Die schlanken Arme
               schlinge um mich,
               daß ich den Nacken
               dir neckend betaste,
               mit schmeichelnder Brunst
        an die schwellende Brust mich dir schmiege.

W e l l g u n d e. Bist du verliebt
               und lüstern nach Minne,
               laß sehn, du Schöner,
               wie bist du zu schaun?
               Pfui, du haariger,
               höckriger Geck!
               Schwarzes, schwieliges
               Schwefelgezwerg!
               Such dir ein Friedel,
               dem du gefällst!

A l b e r i c h *(sucht sie mit Gewalt zu halten).*
               Gefall ich dir nicht,
               dich faß ich doch fest!

W e l l g u n d e *(schnell zum mittleren Riffe auftauchend).* Nur fest, sonst fließ ich dir fort!

W o g l i n d e und F l o ß h i l d e.
               Hahahahaha!

A l b e r i c h *(Wellgunde erbost nachzankend).*
               Falsches Kind!
               Kalter, grätiger Fisch!
               Schein ich nicht schön dir,

       niedlich und neckisch,
       glatt und glau –
    hei! so buhle mit Aalen,
    ist dir eklig mein Balg!

F l o ß h i l d e. Was zankst du, Alp?
       Schon so verzagt?
       Du freitest um zwei!
       Frügst du die dritte,
       süßen Trost
    schüfe die Traute dir!

A l b e r i c h. Holder Sang
       singt zu mir her.
       Wie gut, daß ihr
       eine nicht seid!
    Von vielen gefall ich wohl einer:
    bei einer kieste mich keine!
       Soll ich dir glauben,
       so gleite herab!

F l o ß h i l d e *(taucht zu Alberich hinab)*.
       Wie törig seid ihr,
       dumme Schwestern,
    dünkt euch dieser nicht schön?

A l b e r i c h *(ihr nahend)*.
       Für dumm und häßlich
       darf ich sie halten,
    seit ich dich Holdeste seh.

F l o ß h i l d e *(schmeichelnd)*.
       O singe fort
       so süß und fein:
    wie hehr verführt es mein Ohr!

A l b e r i c h *(zutraulich sie berührend)*.
       Mir zagt, zuckt
       und zehrt sich das Herz,
    lacht mir so zierliches Lob.

F l o ß h i l d e *(ihn sanft abwehrend)*.
       Wie deine Anmut
       mein Aug erfreut,
       deines Lächelns Milde

den Mut mir labt!
(Sie zieht ihn zärtlich an sich.)
Seligster Mann!
Alberich. Süßeste Maid!
Floßhilde. Wärst du mir hold!
Alberich. Hielt' ich dich immer!
Floßhilde *(ihn ganz in ihren Armen haltend).*
Deinen stechenden Blick,
deinen struppigen Bart,
o säh' ich ihn, faßt' ich ihn stets!
Deines stachligen Haares
strammes Gelock,
umflöss' es Floßhilde ewig!
Deine Krötengestalt,
deiner Stimme Gekrächz,
o dürft' ich staunend und stumm
sie nur hören und sehn!
Woglinde und Wellgunde.
Hahahahahaha!
Alberich *(erschreckt aus Floßhildes Armen auffahrend).* Lacht ihr Bösen mich aus?
Floßhilde *(sich plötzlich ihm entreißend).*
Wie billig am Ende vom Lied.
(Sie taucht mit den Schwestern schnell auf.)
Woglinde und Wellgunde.
Hahahahaha!
Alberich *(mit kreischender Stimme).*
Wehe! ach wehe!
O Schmerz! O Schmerz!
Die dritte, so traut,
betrog sie mich auch?
Ihr schmählich schlaues,
lüderlich schlechtes Gelichter!
Nährt ihr nur Trug,
ihr treuloses Nickergezücht?
Die drei Rheintöchter.
Wallala! Lalaleia! Leialalei!
Heia! Heia! Haha!
Schäme dich, Albe!

Schilt nicht dort unten!
Höre, was wir dich heißen!
Warum, du Banger,
bandest du nicht
das Mädchen, das du minnst?
Treu sind wir
und ohne Trug
dem Freier, der uns fängt.
Greife nur zu
und grause dich nicht!
In der Flut entfliehn wir nicht leicht.
Wallala! Lalaleia! Leialala!
Heia! Heia! Hahei!

(Sie schwimmen auseinander, hierher und dorthin, bald
tiefer, bald höher, um Alberich zur Jagd auf sie zu
reizen.)

A l b e r i c h.   Wie in den Gliedern
brünstige Glut
mir brennt und glüht!
Wut und Minne
wild und mächtig
wühlt mir den Mut auf!
Wie ihr auch lacht und lügt,
lüstern lechz ich nach euch,
und eine muß mir erliegen!

(Er macht sich mit verzweifelter Anstrengung zur Jagd
auf: mit grauenhafter Behendigkeit erklimmt er Riff
für Riff, springt von einem zum andern, sucht bald die-
ses, bald jenes der Mädchen zu erhaschen, die mit lusti-
gem Gekreisch stets ihm entweichen; er strauchelt, stürzt
in den Abgrund hinab, klettert dann hastig wieder in
die Höhe zu neuer Jagd. Sie neigen sich etwas herab.
Fast erreicht er sie, stürzt abermals zurück und versucht
es nochmals. Er hält endlich vor Wut schäumend atem-
los an und streckt die geballte Faust nach den Mädchen
hinauf.)

A l b e r i c h *(kaum seiner mächtig).*
Fing' eine diese Faust! . . .

(Er verbleibt in sprachloser Wut, den Blick aufwärts

gerichtet, wo er dann plötzlich von folgendem Schau-
spiele angezogen und gefesselt wird. – Durch die Flut
ist von oben her ein immer lichterer Schein gedrungen,
der sich an einer hohen Stelle des mittelsten Riffes all-
mählich zu einem blendend hell strahlenden Goldglanze
entzündet; ein zauberisch goldenes Licht bricht von hier
durch das Wasser.)

W o g l i n d e. Lugt, Schwestern!
      Die Weckerin lacht in den Grund.

W e l l g u n d e. Durch den grünen Schwall
      den wonnigen Schläfer sie grüßt

F l o ß h i l d e. Jetzt küßt sie sein Auge,
      daß er es öffne.

W e l l g u n d e. Schaut, es lächelt
      in lichtem Schein.

W o g l i n d e. Durch die Fluten hin
      fließt sein strahlender Stern.

D i e D r e i *(zusammen das Riff anmutig umschwim-*
  mend).   Heiajaheia!
        Heiajaheia!
    Wallalallalala leiajahei!
        Rheingold!
        Rheingold!
        Leuchtende Lust,
    wie lachst du so hell und hehr!
        Glühender Glanz
    entgleißet dir weihlich im Wag!
        Heiajahei
        Heiajaheia!
        Wache, Freund,
        wache froh!
        Wonnige Spiele
        spenden wir dir:
        flimmert der Fluß,
        flammet die Flut,
        umfließen wir tauchend,
        tanzend und singend,
    im seligen Bade dein Bett.
        Rheingold!

Rheingold!
Heiajaheia!
Wallalaleia heiajahei!
*(Mit immer ausgelassenerer Lust umschwimmen die Mäd-
chen das Riff. Die ganze Flut flimmert in hellem Gold-
glanze.)*
A l b e r i c h *(dessen Augen, mächtig vom Glanze angezogen, starr an dem Golde haften).*
Was ist's, ihr Glatten,
das dort so glänzt und gleißt?
D i e d r e i M ä d c h e n.
Wo bist du Rauher denn heim,
daß vom Rheingold nie du gehört?
W e l l g u n d e. Nichts weiß der Alp
von des Goldes Auge,
das wechselnd wacht und schläft?
W o g l i n d e. Von der Wassertiefe
wonnigem Stern,
der hehr die Wogen durchhellt?
D i e d r e i M ä d c h e n.
Sieh, wie selig
im Glanze wir gleiten!
Willst du Banger
in ihm dich baden,
so schwimm und schwelge mit uns!
Wallalalala leialalei!
Wallalalala leiajahei!
A l b e r i c h. Eurem Taucherspiele
nur taugte das Gold?
Mir gält' es dann wenig!
W o g l i n d e. Des Goldes Schmuck
schmähte er nicht,
wüßte er all seine Wunder!
W e l l g u n d e. Der Welt Erbe
gewänne zu eigen,
wer aus dem Rheingold
schüfe den Ring,
der maßlose Macht ihm verlieh'.
F l o ß h i l d e. Der Vater sagt' es,

und uns befahl er,
klug zu hüten
den klaren Hort,
daß kein Falscher der Flut ihn entführe:
drum schweigt, ihr schwatzendes Heer!

W e l l g u n d e. Du klügste Schwester,
verklagst du uns wohl?
Weißt du denn nicht,
wem nur allein
das Gold zu schmieden vergönnt?

W o g l i n d e. Nur wer der Minne
Macht versagt,
nur wer der Liebe
Lust verjagt,
nur der erzielt sich den Zauber,
zum Reif zu zwingen das Gold.

W e l l g u n d e. Wohl sicher sind wir
und sorgenfrei:
denn was nur lebt, will lieben;
meiden will keiner die Minne.

W o g l i n d e. Am wenigsten er,
der lüsterne Alp:
vor Liebesgier
möcht er vergehn!

F l o ß h i l d e. Nicht fürcht ich den,
wie ich ihn erfand:
seiner Minne Brunst
brannte fast mich.

W e l l g u n d e. Ein Schwefelbrand
in der Wogen Schwall:
vor Zorn der Liebe
zischt er laut.

D i e   d r e i   M ä d c h e n.
Wallala! Wallaleialala!
Lieblichster Albe,
lachst du nicht auch?
In des Goldes Schein
wie leuchtest du schön!
O komm, Lieblicher, lache mit uns!

Heiajaheia! Heiajaheia!
Wallalalala leiajahei!
(Sie schwimmen lachend im Glanze auf und ab.)
A l b e r i c h *(die Augen starr auf das Gold gerichtet,*
hat dem Geplauder der Schwestern wohl gelauscht).
Der Welt Erbe
gewänn’ ich zu eigen durch dich?
Erzwäng’ ich nicht Liebe,
doch listig erzwäng’ ich mir Lust?
(Furchtbar laut.)
Spottet nur zu!
Der Niblung naht eurem Spiel!
(Wütend springt er nach dem mittleren Riff hinüber und
klettert in grausiger Hast nach dessen Spitze hinauf. Die
Mädchen fahren kreischend auseinander und tauchen
nach verschiedenen Seiten hin auf.)
Die drei Rheintöchter.
Heia! Heia! Heiajahei!
Rettet euch!
Es raset der Alp!
In den Wassern sprüht’s,
wohin er springt,
die Minne macht ihn verrückt!
(Sie lachen im tollsten Übermut.)
A l b e r i c h *(gelangt mit einem letzten Satze zur Spitze*
des Riffes). Bangt euch noch nicht?
So buhlt nun im Finstern,
feuchtes Gezücht!
(Er streckt die Hand nach dem Golde aus.)
Das Licht lösch ich euch aus;
entreiße dem Riff das Gold,
schmiede den rächenden Ring;
denn hör es die Flut:
so verfluch ich die Liebe!
(Er reißt mit furchtbarer Gewalt das Gold aus dem Riffe
und stürzt damit hastig in die Tiefe, wo er schnell ver-
schwindet. Dichte Nacht bricht plötzlich überall herein.
Die Mädchen tauchen jach dem Räuber in die Tiefe nach.)
F l o ß h i l d e. Haltet den Räuber!

Wellgunde. Rettet das Gold!
Woglinde und Wellgunde.
                    Hilfe! Hilfe!
Die drei Mädchen.
                    Weh! Weh!
*(Die Flut fällt mit ihnen nach der Tiefe hinab, aus dem
untersten Grunde hört man Alberichs gellendes Hohn-
gelächter. In dichtester Finsternis verschwinden die Riffe;
die ganze Bühne ist von der Höhe bis zur Tiefe von
schwarzem Wassergewoge erfüllt, das eine Zeitlang immer noch abwärts zu sinken scheint.)*

ZWEITE SZENE

Allmählich sind die Wogen in Gewölke übergegangen, welches, als eine immer heller dämmernde Beleuchtung dahinter tritt, zu feinerem Nebel sich abklärt. Als der Nebel in zarten Wölkchen gänzlich sich in der Höhe verliert, wird im Tagesgrauen eine

freie Gegend auf Bergeshöhen

sichtbar. – Der hervorbrechende Tag beleuchtet mit wachsendem Glanze eine Burg mit blinkenden Zinnen, die auf einem Felsgipfel im Hintergrunde steht; zwischen diesem burggekrönten Felsgipfel und dem Vordergrunde der Szene ist ein tiefes Tal, durch welches der Rhein fließt, anzunehmen. – Zur Seite auf blumigem Grunde liegt Wotan, neben ihm Fricka, beide schlafend. Die Burg ist ganz sichtbar geworden.

F r i c k a *(erwacht; ihr Blick fällt auf die Burg; sie staunt und erschrickt).*
> Wotan, Gemahl! Erwache!

W o t a n *(im Traume leise).*
> Der Wonne seligen Saal
> bewachen mir Tür und Tor:
> Mannes Ehre,
> ewige Macht
> ragen zu endlosem Ruhm!

F r i c k a *(rüttelt ihn).*
> Auf, aus der Träume
> wonnigem Trug!
> Erwache, Mann, und erwäge!

W o t a n *(erwacht und erhebt sich ein wenig, sein Auge wird sogleich vom Anblick der Burg gefesselt).*
> Vollendet das ewige Werk:
> auf Berges Gipfel
> die Götterburg,

            prächtig prahlt
            der prangende Bau!
     Wie im Traum ich ihn trug,
     wie mein Wille ihn wies,
            stark und schön
            steht er zur Schau;
     hehrer, herrlicher Bau!

Fricka.   Nur Wonne schafft dir,
            was mich erschreckt?
            Dich freut die Burg,
            mir bangt es um Freia.
     Achtloser, laß dich erinnern
     des ausbedungenen Lohns!
            Die Burg ist fertig,
            verfallen das Pfand:
     vergaßest du, was du vergabst?

Wotan. Wohl dünkt mich's, was sie bedangen,
     die dort die Burg mir gebaut;
            durch Vertrag zähmt' ich
            ihr trotzig Gezücht,
            daß sie die hehre
            Halle mir schüfen;
     die steht nun – Dank den Starken:
     um den Sold sorge dich nicht.

Fricka.   O lachend frevelnder Leichtsinn!
     Liebelosester Frohmut!
     Wußt' ich um euren Vertrag,
     dem Truge hätt' ich gewehrt;
            doch mutig entfernet
            ihr Männer die Frauen,
     um taub und ruhig vor uns
     allein mit den Riesen zu tagen.
            So ohne Scham
            verschenktet ihr Frechen
     Freia, mein holdes Geschwister,
     froh des Schächergewerbs.
            Was ist euch Harten
            doch heilig und wert,
     giert ihr Männer nach Macht!

Wotan *(ruhig)*.
        Gleiche Gier
        war Fricka wohl fremd,
  als selbst um den Bau sie mich bat?

Fricka. Um des Gatten Treue besorgt,
  muß traurig ich wohl sinnen,
  wie an mich er zu fesseln,
  zieht's in die Ferne ihn fort:
        herrliche Wohnung,
        wonniger Hausrat
        sollten dich binden
        zu säumender Rast.
  Doch du bei dem Wohnbau sannst
  auf Wehr und Wall allein:
        Herrschaft und Macht
        soll er dir mehren;
  nur rastlosern Sturm zu erregen,
  erstand die ragende Burg.

Wotan *(lächelnd)*.
        Wolltest du Frau
        in der Feste mich fangen,
  mir Gotte mußt du schon gönnen,
        daß, in der Burg
        gefangen, ich mir
  von außen gewinne die Welt.
        Wandel und Wechsel
        liebt, wer lebt:
  das Spiel drum kann ich nicht sparen.

Fricka.   Liebeloser,
        leidigster Mann!
        Um der Macht und Herrschaft
        müßigen Tand
  verspielst du in lästerndem Spott
  Liebe und Weibes Wert?

Wotan *(ernst)*.
        Um dich zum Weib zu gewinnen,
        mein eines Auge
  setzt' ich werbend daran:
  wie törig tadelst du jetzt!

Ehr ich die Frauen
doch mehr, als dich freut!
Und Freia, die gute,
geb ich nicht auf:
nie sann dies ernstlich mein Sinn.

Fricka *(mit ängstlicher Spannung in die Szene blik-
kend).* So schirme sie jetzt;
in schutzloser Angst
läuft sie nach Hilfe dort her!

Freia *(tritt wie in hastiger Flucht auf).*
Hilf mir, Schwester!
Schütze mich, Schwäher!
Vom Felsen drüben
drohte mir Fasolt,
mich Holde käm' er zu holen.

Wotan. Laß ihn drohn!
Sahst du nicht Loge?

Fricka. Daß am liebsten du immer
dem Listigen traust!
Viel Schlimmes schuf er uns schon,
doch stets bestrickt er dich wieder.

Wotan. Wo freier Mut frommt,
allein frag ich nach keinem;
doch des Feindes Neid
zum Nutz sich fügen,
lehrt nur Schlauheit und List,
wie Loge verschlagen sie übt.
Der zum Vertrage mir riet,
versprach mir Freia zu lösen:
auf ihn verlaß ich mich nun.

Fricka. Und er läßt dich allein!
Dort schreiten rasch
die Riesen heran:
wo harrt dein schlauer Gehilf?

Freia. Wo harren meine Brüder,
daß Hilfe sie brächten,
da mein Schwäher die Schwache verschenkt?
Zu Hilfe, Donner!

                    Hieher, hieher!
                    Rette Freia, mein Froh!
F r i c k a. Die im bösen Bund dich verrieten,
                    sie alle bergen sich nun.
F a s o l t und F a f n e r *(beide in riesiger Gestalt, mit*
starken Pfählen bewaffnet, treten auf).
F a s o l t.   Sanft schloß
                         Schlaf dein Aug:
                         wir beide bauten
                    Schlummers bar die Burg.
                         Mächt'ger Müh
                         müde nie,
                         stauten starke
                         Stein' wir auf;
                         steiler Turm,
                         Tür und Tor
                         deckt und schließt
                    im schlanken Schloß den Saal.
                         (Auf die Burg deutend.)
                         Dort steht's,
                         was wir stemmten;
                         schimmernd hell
                         bescheint's der Tag:
                         zieh nun ein,
                    uns zahl den Lohn!
W o t a n.   Nennt, Leute, den Lohn:
                    was dünkt euch zu bedingen?
F a s o l t.   Bedungen ist's,
                         was tauglich uns dünkt:
                    gemahnt es dich so matt?
                         Freia, die holde,
                         Holda, die freie —
                         vertragen ist's —
                    sie tragen wir heim.
W o t a n *(schnell).*
                         Seid ihr bei Trost
                         mit eurem Vertrag?
                    Denkt auf andren Dank:
                    Freia ist mir nicht feil.

F a s o l t *(steht, in höchster Bestürzung, einen Augen-*
blick sprachlos).

        Was sagst du? Ha,
        sinnst du Verrat?
        Verrat am Vertrag?
        Die dein Speer birgt,
        sind sie dir Spiel,
des beratnen Bundes Runen?

F a f n e r *(höhnisch).*

        Getreuster Bruder!
        Merkst du Tropf nun Betrug?

F a s o l t.   Lichtsohn du,
        leicht gefügter,
hör und hüte dich:
Verträgen halte Treu!
        Was du bist,
bist du nur durch Verträge:
        bedungen ist,
wohl bedacht deine Macht.
        Bist weiser du,
        als witzig wir sind,
        bandest uns Freie
        zum Frieden du:
all deinem Wissen fluch ich,
fliehe weit deinen Frieden,
        weißt du nicht offen,
        ehrlich und frei
Verträgen zu wahren die Treu!
        Ein dummer Riese
        rät dir das:
du, Weiser, wiss' es von ihm!

W o t a n. Wie schlau für Ernst du achtest,
was wir zum Scherz nur beschlossen!
        Die liebliche Göttin,
        licht und leicht,
was taugt euch Tölpeln ihr Reiz?

F a s o l t.   Höhnst du uns?
        Ha, wie unrecht!

Die ihr durch Schönheit herrscht,
schimmernd hehres Geschlecht,
 wie törig strebt ihr
 nach Türmen von Stein,
setzt um Burg und Saal
Weibes Wonne zum Pfand!
Wir Plumpen plagen uns
schwitzend mit schwieliger Hand,
 ein Weib zu gewinnen,
 das wonnig und mild
bei uns Armen wohne:
und verkehrt nennst du den Kauf?

F a f n e r. Schweig dein faules Schwatzen,
Gewinn werben wir nicht:
 Freias Haft
 hilft wenig;
 doch viel gilt's,
den Göttern sie zu entführen.
   (Leise.)
 Goldne Äpfel
wachsen in ihrem Garten;
 sie allein
weiß die Äpfel zu pflegen!
 Der Frucht Genuß
 frommt ihren Sippen
 zu ewig nie
 alternder Jugend;
 siech und bleich
 doch sinkt ihre Blüte,
 alt und schwach
 schwinden sie hin,
müssen Freia sie missen.
   (Grob.)
Ihrer Mitte drum sei sie entführt!

W o t a n *(für sich).*
 Loge säumt zu lang!

F a s o l t. Schlicht gib nun Bescheid!

W o t a n. Sinnt auf andern Sold!

F a s o l t. Kein andrer: Freia allein!

Fafner. Du da, folge uns!
    (Sie dringen auf Freia zu.)
Donner und **Froh** *(kommen eilig).*
Freia *(fliehend).*
   Helft, helft vor den Harten!
Froh *(Freia in seine Arme fassend).*
    Zu mir, Freia!
    Meide sie, Frecher!
   Froh schützt die Schöne.
Donner *(sich vor die beiden Riesen stellend).*
    Fasolt und Fafner,
    fühltet ihr schon
   meines Hammers harten Schlag?
Fafner. Was soll das Drohn?
Fasolt. Was dringst du her?
    Kampf kiesten wir nicht,
    verlangen nur unsern Lohn.
Donner. Schon oft zahlt' ich
    Riesen den Zoll;
    [schuldig blieb ich
    Schächern nie:][1]
   kommt her! Des Lohnes Last
   wäg ich mit gutem Gewicht!
    (Er schwingt den Hammer.)
Wotan *(seinen Speer zwischen den Streitenden aus-*
 streckend). Halt, du Wilder!
    Nichts durch Gewalt!
    Verträge schützt
    meines Speeres Schaft:
   spar deines Hammers Heft!
Freia.   Wehe! Wehe!
    Wotan verläßt mich!
Fricka. Begreif ich dich noch,
    grausamer Mann?
Wotan *(wendet sich ab und sieht Loge kommen).*
    Endlich Loge!
    Eiltest du so,

---

1. Die eingeklammerten Stellen sind nicht komponiert.

     den du geschlossen,
   den schlimmen Handel zu schlichten?

L o g e *(ist im Hintergrunde aus dem Tale heraufgestie-*
 gen).   Wie? Welchen Handel
     hätt' ich geschlossen?
     Wohl was mit den Riesen
    dort im Rate du dangst?
     In Tiefen und Höhen
     treibt mich mein Hang;
     Haus und Herd
     behagt mir nicht:
     Donner und Froh,
    die denken an Dach und Fach!
     Wollen sie frein,
    ein Haus muß sie erfreun.
     Ein stolzer Saal,
     ein starkes Schloß,
    danach stand Wotans Wunsch.
     Haus und Hof,
     Saal und Schloß,
     die selige Burg,
    sie steht nun fest gebaut;
     das Prachtgemäuer
     prüft' ich selbst;
     ob alles fest,
     forscht' ich genau:
     Fasolt und Fafner
     fand ich bewährt;
    kein Stein wankt im Gestemm.
     Nicht müßig war ich,
     wie mancher hier:
    der lügt, wer lässig mich schilt!

W o t a n.   Arglistig
     weichst du mir aus:
     mich zu betrügen
    hüte in Treuen dich wohl!
     Von allen Göttern
     dein einz'ger Freund,
     nahm ich dich auf

    in der übel trauenden Troß.
    Nun red und rate klug!
    Da einst die Bauer der Burg
    zum Dank Freia bedangen,
      du weißt, nicht anders
      willigt' ich ein,
    als weil auf Pflicht du gelobtest,
    zu lösen das hehre Pfand.

L o g e. Mit höchster Sorge
     drauf zu sinnen,
     wie es zu lösen,
    das – hab ich gelobt.
     Doch daß ich fände,
     was nie sich fügt,
     was nie gelingt,
    wie ließ' sich das wohl geloben?

F r i c k a *(zu Wotan)*.
     Sieh, welch trugvollem
     Schelm du getraut!

F r o h. Loge heißt du,
     doch nenn ich dich Lüge!

D o n n e r. Verfluchte Lohe,
     dich lösch ich aus!

L o g e. Ihre Schmach zu decken
     schmähen mich Dumme.
     (Donner holt auf Loge aus.)

W o t a n *(tritt dazwischen)*.
     In Frieden laßt mir den Freund!
     Nicht kennt ihr Loges Kunst:
     reicher wiegt
     seines Rates Wert,
    zahlt er zögernd ihn aus.

F a f n e r. Nicht gezögert!
     Rasch gezahlt!

F a s o l t. Lang währt's mit dem Lohn.

W o t a n *(wendet sich hart zu Loge, drängend)*.
     Jetzt hör, Störrischer!
     Halte mir Stich!
    Wo schweiftest du hin und her?

Loge.   Immer ist Undank
               Loges Lohn!
               Um dich nur besorgt,
               sah ich mich um,
               durchstöbert' im Sturm
               alle Winkel der Welt,
          Ersatz für Freia zu suchen,
          wie er den Riesen wohl recht.
               Umsonst sucht' ich
               und sehe nun wohl,
               in der Welten Ring
               nichts ist so reich,
          als Ersatz zu muten dem Mann
          für Weibes Wonne und Wert.

*(Alle geraten in Erstaunen und verschiedenartige Betrof-
               fenheit.)*
               So weit Leben und Weben,
               in Wasser, Erd und Luft,
                    viel frug ich,
                    forschte bei allen,
                    wo Kraft nur sich rührt
                    und Keime sich regen: .
                    was wohl dem Manne
                    mächtiger dünk'
               als Weibes Wonne und Wert?
               Doch so weit Leben und Weben,
                    verlacht nur ward
                    meine fragende List:
               in Wasser, Erd und Luft
                    lassen will nichts
                    von Lieb und Weib.
                    Nur einen sah ich,
               der sagte der Liebe ab:
                    um rotes Gold
               entriet er des Weibes Gunst.
               Des Rheines klare Kinder
               klagten mir ihre Not:
                    der Nibelung,
                    Nacht-Alberich,

buhlte vergebens
um der Badenden Gunst;
das Rheingold da
raubte sich rächend der Dieb:
das dünkt ihm nun
das teuerste Gut,
hehrer als Weibes Huld.
Um den gleißenden Tand,
der Tiefe entwandt,
erklang mir der Töchter Klage:
an dich, Wotan,
wenden sie sich,
daß zu Recht du zögest den Räuber,
das Gold dem Wasser
wiedergebest
und ewig es bliebe ihr Eigen.
(Hingebende Bewegung aller.)
Dir's zu melden
gelobt' ich den Mädchen:
nun löste Loge sein Wort.

Wotan.　　Töricht bist du,
wenn nicht gar tückisch!
Mich selbst siehst du in Not:
wie hülf ich andern zum Heil?

Fasolt *(der aufmerksam zugehört, zu Fafner)*.
Nicht gönn ich das Gold dem Alben,
viel Not schon schuf uns der Niblung,
doch schlau entschlüpfte unserm
Zwange immer der Zwerg.

Fafner.　　Neue Neidtat
sinnt uns der Niblung,
gibt das Gold ihm Macht.
Du da, Loge!
Sag ohne Lug:
was Großes gilt denn das Gold,
daß es dem Niblung genügt?

Loge.　　Ein Tand ist's
in des Wassers Tiefe,
lachenden Kindern zur Lust:

                doch, ward es zum runden
                Reife geschmiedet,
      hilft es zur höchsten Macht,
      gewinnt dem Manne die Welt.

W o t a n *(sinnend)*.
                Von des Rheines Gold
                hört’ ich raunen:
                    Beute-Runen
      berge sein roter Glanz,
                Macht und Schätze
      schüf’ ohne Maß ein Reif.

F r i c k a *(leise zu Loge)*.
                Taugte wohl
                des goldnen Tandes
                gleißend Geschmeid
      auch Frauen zu schönem Schmuck?

L o g e.
                Des Gatten Treu
                ertrotzte die Frau,
                trüge sie hold
                den hellen Schmuck,
      den schimmernd Zwerge schmieden,
      rührig im Zwange des Reifs.

F r i c k a *(schmeichelnd zu Wotan)*.
                Gewänne mein Gatte
                sich wohl das Gold?

W o t a n *(wie in einem Zustande wachsender Bezau-*
  berung).   Des Reifes zu walten,
      rätlich will es mich dünken.
                Doch wie, Loge,
                lernt’ ich die Kunst?
      Wie schüf’ ich mir das Geschmeid!

L o g e.
                Ein Runenzauber
      zwingt das Gold zum Reif.
                Keiner kennt ihn;
      doch einer übt ihn leicht,
      der sel’ger Lieb entsagt.
      (Wotan wendet sich unmutig ab.)
                Das sparst du wohl;
                zu spät auch kämst du:

            Alberich zauderte nicht;
              zaglos gewann er
              des Zaubers Macht:
                  (grell)
            geraten ist ihm der Ring.

Donner *(zu Wotan).*
              Zwang uns allen
              schüfe der Zwerg,
            würd' ihm der Reif nicht entrissen.

Wotan. Den Ring muß ich haben!

Froh.   Leicht erringt
           ohne Liebesfluch er sich jetzt.

Loge.   Spottleicht,
           ohne Kunst wie im Kinderspiel!

Wotan *(grell).* So rate, wie?

Loge.   Durch Raub!
           Was ein Dieb stahl,
           das stiehlst du dem Dieb:
        ward leichter ein Eigen erlangt?
           Doch mit arger Wehr
           wahrt sich Alberich;
           klug und fein
           mußt du verfahren,
        ziehst du den Räuber zu Recht,
           um des Rheines Töchtern
           den roten Tand,
              (mit Wärme)
           das Gold, wiederzugeben;
           denn darum flehen sie dich.

Wotan.   Des Rheines Töchter?
           Was taugt mir der Rat?

Fricka.   Von dem Wassergezücht
           mag ich nichts wissen:
           schon manchen Mann
           – mir zum Leid –
        verlockten sie buhlend im Bad.

(Wotan steht stumm mit sich kämpfend; die übrigen Göt-
ter heften in schweigender Spannung die Blicke auf ihn.
Währenddem hat Fafner beiseite mit Fasolt beraten.)

Fafner *(zu Fasolt).*
>   Glaub mir, mehr als Freia
>   frommt das gleißende Gold:
>   auch ew'ge Jugend erjagt,
>   wer durch Goldes Zauber sie zwingt.

(Fasolts Gebärde deutet an, daß er sich wider Willen
überredet fühlt. Fafner tritt mit Fasolt wieder an Wotan
heran.)
>   Hör, Wotan,
>   der Harrenden Wort!
>   Freia bleib' euch in Frieden;
>   leichtren Lohn
>   fand ich zur Lösung:
>   uns rauhen Riesen genügt
>   des Niblungen rotes Gold.

Wotan.   Seid ihr bei Sinn?
>   Was nicht ich besitze,
>   soll ich euch Schamlosen schenken?

Fafner.   Schwer baute
>   dort sich die Burg:
>   leicht wird's dir
>   mit list'ger Gewalt,
>   was im Neidspiel nie uns gelang,
>   den Niblungen fest zu fahn.

Wotan.   Für euch müht' ich
>   mich um den Alben?
>   Für euch fing ich den Feind?
>   Unverschämt
>   und überbegehrlich
>   macht euch Dumme mein Dank!

Fasolt *(ergreift plötzlich Freia und führt sie mit*
   Fafner zur Seite).
>   Hieher, Maid!
>   In unsre Macht!
>   Als Pfand folgst du uns jetzt,
>   bis wir Lösung empfahn.

Freia *(wehklagend).*
>   Wehe! Wehe! Wehe!
>   *(Alle Götter sind in höchster Bestürzung.)*

Fafner.   Fort von hier
   sei sie entführt!
  Bis Abend, achtet's wohl,
  pflegen wir sie als Pfand:
   wir kehren wieder;
   doch kommen wir,
  und bereit liegt nicht als Lösung
  das Rheingold licht und rot –

Fasolt.   Zu End ist die Frist dann,
   Freia verfallen:
  für immer folge sie uns!

Freia *(schreiend)*.
   Schwester! Brüder!
   Rettet! Helft!

(Sie wird von den hastig enteilenden Riesen fortgetragen.)

Froh.   Auf, ihnen nach!

Donner.   Breche denn alles!

   (Sie blicken Wotan fragend an.)

Freia *(aus weiter Ferne)*.
   Rettet! Helft!

Loge *(den Riesen nachsehend)*.
  Über Stock und Stein zu Tal
   stapfen sie hin;
  durch des Rheines Wasserfurt
   waten die Riesen:
   fröhlich nicht
   hängt Freia
  den Rauhen über dem Rücken!
   Heia! hei!
  Wie taumeln die Tölpel dahin!
  Durch das Tal talpen sie schon:
   wohl an Riesenheims Mark
   erst halten sie Rast!

   (Er wendet sich zu den Göttern.)

  Was sinnt nun Wotan so wild?
  Den seligen Göttern wie geht's?

(Ein fahler Nebel erfüllt mit wachsender Dichtheit die Bühne; in ihm erhalten die Götter ein zunehmend bleiches und ältliches Aussehen: alle stehen bang und erwar-

tungsvoll auf Wotan blickend, der sinnend die Augen an
den Boden heftet.)

Trügt mich ein Nebel?
Neckt mich ein Traum?
Wie bang und bleich
verblüht ihr so bald!
Euch erlischt der Wangen Licht;
der Blick eures Auges verblitzt!
Frisch, mein Froh,
noch ist's ja früh!
Deiner Hand, Donner,
entsinkt ja der Hammer!
Was ist's mit Fricka?
Freut sie sich wenig
ob Wotans grämlichem Grau,
das schier zum Greisen ihn schafft?

Fricka.   Wehe! Wehe!
               Was ist geschehn?

Donner.   Mir sinkt die Hand.

Froh.   Mir stockt das Herz.

Loge.   Jetzt fand ich's: hört, was euch fehlt!
               Von Freias Frucht
genosset ihr heute noch nicht:
die goldnen Äpfel
in ihrem Garten,
sie machten euch tüchtig und jung,
aßt ihr sie jeden Tag.
Des Gartens Pflegerin
ist nun verpfändet;
an den Ästen darbt
und dorrt das Obst:
bald fällt faul es herab.
Mich kümmert's minder;
an mir ja kargte
Freia von je
knausernd die köstliche Frucht:
denn halb so echt nur
bin ich wie, Selige, ihr!
Doch ihr setztet alles

> auf das jüngende Obst:
> das wußten die Riesen wohl;
> auf euer Leben
> legten sie's an:
> nun sorgt, wie ihr das wahrt!
> Ohne die Äpfel
> alt und grau,
> greis und grämlich,
> welkend zum Spott aller Welt,
> erstirbt der Götter Stamm.

F r i c k a *(bang)*.

> Wotan, Gemahl,
> unsel'ger Mann!
> Sieh, wie dein Leichtsinn
> lachend uns allen
> Schimpf und Schmach erschuf!

W o t a n *(mit plötzlichem Entschluß auffahrend)*.

> Auf, Loge,
> hinab mit mir!
> Nach Nibelheim fahren wir nieder:
> gewinnen will ich das Gold.

L o g e.

> Die Rheintöchter
> riefen dich an:
> so dürfen Erhörung sie hoffen?

W o t a n *(heftig)*.

> Schweige, Schwätzer!
> Freia, die gute,
> Freia gilt es zu lösen.

L o g e.

> Wie du befiehlst,
> führ ich dich schnell
> steil hinab:
> steigen wir denn durch den Rhein?

W o t a n.   Nicht durch den Rhein!

L o g e.

> So schwingen wir uns
> durch die Schwefelkluft?
> Dort schlüpfe mit mir hinein!

(Er geht voran und verschwindet seitwärts in einer Kluft, aus der sogleich ein schwefliger Dampf hervorquillt.)

Wotan.   Ihr andern harrt
                bis Abend hier:
                verlorner Jugend
          erjag ich erlösendes Gold!

(Er steigt Loge nach in die Kluft hinab: der aus ihr
dringende Schwefeldampf verbreitet sich über die ganze
Bühne und erfüllt diese schnell mit dickem Gewölk.
      Bereits sind die Zurückbleibenden unsichtbar.)

Donner.   Fahre wohl, Wotan!
Froh.   Glück auf! Glück auf!
Fricka.   O kehre bald
                zur bangenden Frau!

(Der Schwefeldampf verdüstert sich bis zu ganz schwar-
zem Gewölk, welches von unten nach oben steigt; dann
verwandelt sich dieses in festes, finstres Steingeklüft,
das sich immer aufwärts bewegt, so daß es den Anschein
hat, als sänke die Szene immer tiefer in die Erde hinab.
Wachsendes Geräusch wie von Schmiedenden wird über-
            allher vernommen.)

ORCHESTERZWISCHENSPIEL

DRITTE SZENE

*Von verschiedenen Seiten her dämmert aus der Ferne
dunkelroter Schein auf: eine unabsehbar weit sich dahin-
ziehende*

u n t e r i r d i s c h e   K l u f t

*wird erkennbar, die nach allen Seiten hin in enge
Schachte auszumünden scheint.*

*Alberich zerrt den kreischenden Mime an den Ohren aus
einer Seitenschlucht herbei.*

A l b e r i c h. Hehe! hehe!
  Hieher! hieher!
  Tückischer Zwerg!
  Tapfer gezwickt
  sollst du mir sein,
  schaffst du nicht fertig,
  wie ich's bestellt,
  zur Stund das feine Geschmeid!
M i m e *(heulend)*.
  Ohe! Ohe!
  Au! Au!
  Laß mich nur los!
  Fertig ist's,
  wie du befahlst;
  mit Fleiß und Schweiß
  ist es gefügt:
  nimm nur *(grell)* die Nägel vom Ohr!
A l b e r i c h *(loslassend)*.
  Was zögerst du dann
  und zeigst es nicht?
M i m e. Ich Armer zagte,
  daß noch was fehle.
A l b e r i c h. Was wär' noch nicht fertig?

M i m e *(verlegen).*
>   Hier ... und da.
A l b e r i c h. Was hier und da?
>   Her das Geschmeid!
*(Er will ihm wieder an das Ohr fahren; vor Schreck
läßt Mime ein metallenes Gewirke, das er krampfhaft
in den Händen hielt, sich entfallen. Alberich hebt es
>   hastig auf und prüft es genau.)*
>   Schau, du Schelm!
>   Alles geschmiedet
>   und fertig gefügt,
>   wie ich's befahl!
>   So wollte der Tropf
>   schlau mich betrügen,
>   für sich behalten
>   das hehre Geschmeid,
>   das meine List
>   ihn zu schmieden gelehrt?
>   Kenn ich dich dummen Dieb?
(Er setzt das Gewirk als »Tarnhelm« auf den Kopf.)
>   Dem Haupt fügt sich der Helm:
>   ob sich der Zauber auch zeigt?
>   *(Sehr leise.)*
>   »Nacht und Nebel,
>   niemand gleich!«
*(Seine Gestalt verschwindet; statt ihrer gewahrt man
>   eine Nebelsäule.)*
>   Siehst du mich, Bruder?
M i m e *(blickt sich verwundert um).*
>   Wo bist du? Ich sehe dich nicht.
A l b e r i c h *(unsichtbar).*
>   So fühle mich doch,
>   du fauler Schuft!
>   Nimm das für dein Diebesgelüst!
M i m e *(schreit und windet sich unter empfangenen
Geißelhieben, deren Fall man vernimmt, ohne die
Geißel selbst zu sehen).*
>   Ohe! Ohe!
>   Au! Au! Au!

Alberich *(lachend, unsichtbar)*.
        Hahahahahaha!
        Hab Dank, du Dummer!
    Dein Werk bewährt sich gut.
        Hoho! hoho!
        Niblungen all,
        neigt euch nun Alberich!
        Überall weilt er nun,
        euch zu bewachen;
        Ruh und Rast
        ist euch zerronnen;
        ihm müßt ihr schaffen,
        wo nicht ihr ihn schaut;
        wo nicht ihr ihn gewahrt,
        seid seiner gewärtig:
    untertan seid ihr ihm immer!
           (Grell.)
        Hoho! hoho!
        Hört ihn, er naht:
        der Niblungen Herr!
*(Die Nebelsäule verschwindet dem Hintergrunde zu:
man hört in immer weiterer Ferne Alberichs Toben und
Zanken; Geheul und Geschrei antwortet ihm, das sich
endlich in immer weiterer Ferne unhörbar verliert. Mime
ist vor Schmerz zusammengesunken. Wotan und Loge
   lassen sich aus einer Schlucht von oben herab.)*

Loge.   Nibelheim hier:
         durch bleiche Nebel
      wie blitzen dort feurige Funken!
Mime.   Au! Au! Au!
Wotan.   Hier stöhnt es laut:
         was liegt im Gestein?
Loge *(neigt sich zu Mime)*.
      Was Wunder wimmerst du hier?
Mime.   Ohe! Ohe!
         Au! Au!
Loge.   Hei, Mime! Muntrer Zwerg!
      Was zwickt und zwackt dich denn so?
Mime.   Laß mich in Frieden!

L o g e.   Das will ich freilich,
                  und mehr noch, hör:
                  helfen will ich dir, Mime!
                  (Er stellt ihn mühsam aufrecht.)
M i m e.   Wer hälfe mir?
                  Gehorchen muß ich
                  dem leiblichen Bruder,
                  der mich in Bande gelegt.
L o g e.   Dich, Mime, zu binden,
                  was gab ihm die Macht?
M i m e.   Mit arger List
                  schuf sich Alberich
                  aus Rheines Gold
                  einen gelben Reif:
                  seinem starken Zauber
                  zittern wir staunend;
          mit ihm zwingt er uns alle,
          der Niblungen nächt'ges Heer.
                  Sorglose Schmiede,
                  schufen wir sonst wohl
                  Schmuck unsern Weibern,
                  wonnig Geschmeid,
          niedlichen Niblungentand,
          wir lachten lustig der Müh.
                  Nun zwingt uns der Schlimme,
                  in Klüfte zu schlüpfen,
                  für ihn allein
                  uns immer zu mühn.
                  Durch des Ringes Gold
                  errät seine Gier,
                  wo neuer Schimmer
                  in Schachten sich birgt:
                  da müssen wir spähen,
                  spüren und graben,
                  die Beute schmelzen
                  und schmieden den Guß,
                  ohne Ruh und Rast
          dem Herrn zu häufen den Hort.

Loge.	Dich Trägen soeben traf wohl sein Zorn?
Mime.	Mich Ärmsten, ach, mich zwang er zum ärgsten: ein Helmgeschmeid hieß er mich schweißen; genau befahl er, wie es zu fügen. Wohl merkt' ich klug, welch mächt'ge Kraft zu eigen dem Werk das aus Erz ich wob: für mich drum hüten wollt' ich den Helm, durch seinen Zauber Alberichs Zwang mich entziehn – vielleicht, ja vielleicht den Lästigen selbst überlisten, in meine Gewalt ihn zu werfen, den Ring ihm zu entreißen, daß, wie ich Knecht jetzt dem Kühnen, *(grell)* mir Freien er selber dann frön'!
Loge.	Warum, du Kluger, glückte dir's nicht?
Mime.	Ach, der das Werk ich wirkte, den Zauber, der ihm entzuckt, den Zauber erriet ich nicht recht! Der das Werk mir riet und mir's entriß, der lehrte mich nun – doch leider zu spät! – welche List läg' in dem Helm: meinem Blick entschwand er, doch Schwielen dem Blinden schlug unschaubar sein Arm. *(Heulend und schluchzend.)* Das schuf ich mir Dummen schön zu Dank!

(Er streicht sich den Rücken. Wotan und Loge lachen.)

L o g e *(zu Wotan).*
     Gesteh, nicht leicht
     gelingt der Fang.

W o t a n.   Doch erliegt der Feind,
     hilft deine List.

M i m e *(von dem Lachen der Götter betroffen, betrach-*
 tet diese aufmerksamer).
     Mit eurem Gefrage,
     wer seid denn ihr Fremde?

L o g e.   Freunde dir;
     von ihrer Not
    befrein wir der Niblungen Volk.

M i m e *(schrickt zusammen, da er Alberich sich wieder*
 nahen hört). Nehmt euch in acht!
     Alberich naht.

W o t a n. Sein harren wir hier.

(Er setzt sich ruhig auf einen Stein; Loge lehnt ihm zur
Seite. Alberich, der den Tarnhelm vom Haupte ge-
nommen und an den Gürtel gehängt hat, treibt mit
geschwungener Geißel aus der unteren, tiefer gelegenen
Schlucht aufwärts eine Schar Nibelungen vor sich her:
diese sind mit goldenem und silbernem Geschmeide
beladen, das sie, unter Alberichs steter Nötigung, all
auf einen Haufen speichern und so zu einem Horte
       häufen.)

A l b e r i c h. Hieher! Dorthin!
     Hehe! Hoho!
     Träges Heer,
     dort zu Hauf
     schichtet den Hort!
     Du da, hinauf!
     Willst du voran?
     Schmähliches Volk,
     ab das Geschmeide!
     Soll ich euch helfen?
     Alles hieher!

 (Er gewahrt plötzlich Wotan und Loge.)
     He, wer ist dort?
     Wer drang hier ein?

Mime! Zu mir,
schäbiger Schuft!
Schwatztest du gar
mit dem schweifenden Paar?
Fort, du Fauler!
Willst du gleich schmieden und schaffen?
(Er treibt Mime mit Geißelhieben unter den Haufen der
Nibelungen hinein.)
He, an die Arbeit!
Alle von hinnen!
Hurtig hinab!
Aus den neuen Schachten
schafft mir das Gold!
Euch grüßt die Geißel,
grabt ihr nicht rasch!
Daß keiner mir müßig,
bürge mir Mime,
sonst birgt er sich schwer
meiner Geißel Schwunge:
daß ich überall weile,
wo keiner mich wähnt,
das weiß er, dünkt mich, genau!
Zögert ihr noch?
Zaudert wohl gar?
(Er zieht seinen Ring vom Finger, küßt ihn und streckt
ihn drohend aus.)
Zittre und zage,
gezähmtes Heer:
rasch gehorcht
des Ringes Herrn!
(Unter Geheul und Gekreisch stieben die Nibelungen,
unter ihnen Mime, auseinander und schlüpfen in die
Schächte hinab.)
A l b e r i c h *(betrachtet lange und mißtrauisch Wotan*
und Loge). Was wollt ihr hier?
W o t a n. Von Nibelheims nächt'gem Land
vernahmen wir neue Mär:
mächt'ge Wunder
wirke hier Alberich:

daran uns zu weiden,
trieb uns Gäste die Gier.

Alberich. Nach Nibelheim
führt euch der Neid:
so kühne Gäste,
glaubt, kenn ich gut.

Loge.   Kennst du mich gut,
kindischer Alp?
Nun sag: wer bin ich,
daß du so bellst?
Im kalten Loch,
da kauernd du lagst,
wer gab dir Licht
und wärmende Lohe,
wenn Loge nie dir gelacht?
Was hülf' dir dein Schmieden,
heizt' ich die Schmiede dir nicht?
Dir bin ich Vetter
und war dir Freund:
nicht fein drum dünkt mich dein Dank!

Alberich. Den Lichtalben
lacht jetzt Loge,
der list'ge Schelm:
bist du Falscher ihr Freund,
wie mir Freund du einst warst,
haha! mich freut's!
Von ihnen fürcht ich dann nichts.

Loge.   So denk ich, kannst du mir traun?

Alberich. Deiner Untreu trau ich,
nicht deiner Treu!

(Eine herausfordernde Stellung annehmend.)

Doch getrost trotz ich euch allen.

Loge.   Hohen Mut
verleiht deine Macht:
grimmig groß
wuchs dir die Kraft.

Alberich. Siehst du den Hort,
den mein Heer
dort mir gehäuft?

Loge.   So neidlichen sah ich noch nie.
Alberich.   Das ist für heut,
                  ein kärglich Häufchen:
                  kühn und mächtig
            soll er künftig sich mehren.
Wotan.   Zu was doch frommt dir der Hort,
                  da freudlos Nibelheim
                  und nichts für Schätze hier feil?
Alberich.   Schätze zu schaffen
                  und Schätze zu bergen,
            nützt mir Nibelheims Nacht;
                  doch mit dem Hort,
                  in der Höhle gehäuft,
            denk ich dann Wunder zu wirken:
                  die ganze Welt
            gewinn ich mit ihm mir zu eigen.
Wotan.   Wie beginnst du, Gütiger, das?
Alberich.
                  Die in linder Lüfte Wehn
                  da oben ihr lebt,
                  lacht und liebt:
                  mit goldner Faust
            euch Göttliche fang ich mir alle!
            Wie ich der Liebe abgesagt,
                  alles, was lebt,
                  soll ihr entsagen!
                  Mit Golde gekirrt,
            nach Gold nur sollt ihr noch gieren.
                  Auf wonnigen Höhn
                  in seligem Weben
                  wiegt ihr euch;
                  den Schwarzalben
            verachtet ihr ewigen Schwelger!
                  Habt acht! Habt acht!
                  Denn dient ihr Männer
                  erst meiner Macht,
                  eure schmucken Frau'n –
                  die mein Frein verschmäht –
            sie zwingt zur Lust sich der Zwerg,

         lacht Liebe ihm nicht.
              (Wild lachend.)
         Hahahaha!
         Habt ihr's gehört?
         [Hört ihr mich recht?]
         Habt acht!
         Habt acht vor dem nächtlichen Heer,
         entsteigt des Niblungen Hort
         aus stummer Tiefe zu Tag!

W o t a n *(auffahrend)*.
         Vergeh, frevelnder Gauch!

A l b e r i c h. Was sagt der?

L o g e *(ist dazwischengetreten)*.
         Sei doch bei Sinnen!
              (Zu Alberich.)
         Wen doch faßte nicht Wunder,
         erfährt er Alberichs Werk?
         Gelingt deiner herrlichen List,
         was mit dem Hort du heischest,
         den Mächtigsten muß ich dich rühmen:
            denn Mond und Stern'
            und die strahlende Sonne,
         sie auch dürfen nicht anders,
         dienen müssen sie dir.
         Doch wichtig acht ich vor allem,
            daß des Hortes Häufer,
            der Niblungen Heer,
         neidlos dir geneigt.
         Einen Reif rührtest du kühn,
            dem zagte zitternd dein Volk:
            doch wenn im Schlaf
            ein Dieb dich beschlich',
         den Ring schlau dir entriss',
         wie wahrtest du, Weiser, dich dann?

A l b e r i c h. Der Listigste dünkt sich Loge;
            andre denkt er
            immer sich dumm:
            daß sein ich bedürfte
            zu Rat und Dienst

um harten Dank,
das hörte der Dieb jetzt gern!
Den hehlenden Helm
ersann ich mir selbst;
der sorglichste Schmied,
Mime, mußt' ihn mir schmieden:
schnell mich zu wandeln
nach meinem Wunsch,
die Gestalt mir zu tauschen,
taugt mir der Helm.
Niemand sieht mich,
wenn er mich sucht;
doch überall bin ich,
geborgen dem Blick.
So ohne Sorge
bin ich selbst sicher vor dir,
du fromm sorgender Freund!

Loge.   Vieles sah ich,
Seltsames fand ich:
doch solches Wunder
gewahrt' ich nie.
Dem Werk ohnegleichen
kann ich nicht glauben;
wäre dies eine möglich,
deine Macht währte dann ewig.

Alberich. Meinst du, ich lüg
und prahle wie Loge?

Loge.   Bis ich's geprüft,
bezweifl' ich, Zwerg, dein Wort.

Alberich. Vor Klugheit bläht sich
zum Platzen der Blöde!
Nun plage dich Neid!
Bestimm, in welcher Gestalt
soll ich jach vor dir stehn?

Loge.   In welcher du willst:
nur mach vor Staunen mich stumm!

Alberich *(hat den Helm aufgesetzt).*
»Riesen-Wurm
winde sich ringelnd!«

*(Sogleich verschwindet er: eine ungeheure Riesenschlange
windet sich statt seiner am Boden; sie bäumt sich und
streckt den aufgesperrten Rachen nach Wotan und Loge hin.)*

L o g e *(stellt sich von Furcht ergriffen).*

    Ohe! Ohe!
    Schreckliche Schlange,
    verschlinge mich nicht!
   Schone Logen das Leben!

W o t a n. Hahaha! Gut, Alberich!
    Gut, du Arger!
    Wie wuchs so rasch
   zum riesigen Wurme der Zwerg!

*(Die Schlange verschwindet; statt ihrer erscheint sogleich
  Alberich wieder in seiner wirklichen Gestalt.)*

A l b e r i c h. Hehe! Ihr Klugen,
    glaubt ihr mir nun?

L o g e. Mein Zittern mag dir's bezeugen.
    Zur großen Schlange
    schufst du dich schnell:
   weil ich's gewahrt,
   willig glaub ich dem Wunder.
    Doch, wie du wuchsest,
    kannst du auch winzig
    und klein dich schaffen?
   Das Klügste schien' mir das,
   Gefahren schlau zu entfliehn:
   das aber dünkt mich zu schwer!

A l b e r i c h. Zu schwer dir,
    weil du zu dumm!
    Wie klein soll ich sein?

L o g e. Daß die feinste Klinze dich fasse,
   wo bang die Kröte sich birgt.

A l b e r i c h. Pah! nichts leichter!
    Luge du her!
    (Er setzt den Tarnhelm wieder auf.)
    »Krumm und grau
    krieche Kröte!«

*(Er verschwindet; die Götter gewahren im Gestein eine
   Kröte auf sich zukriechen.)*

Loge *(zu Wotan).*

>Dort die Kröte,
>greife sie rasch!

(Wotan setzt seinen Fuß auf die Kröte, Loge fährt ihr nach dem Kopfe und hält den Tarnhelm in der Hand.)

Alberich *(wird plötzlich in seiner wirklichen Gestalt sichtbar, wie er sich unter Wotans Fuße windet).*

>Ohe! Verflucht!
>Ich bin gefangen!

Loge.

>Halt ihn fest,
>bis ich ihn band.

(Er hat ein Bastseil hervorgeholt und bindet Alberich damit Hände und Beine; den Geknebelten, der sich wütend zu wehren sucht, fassen dann beide und schleppen ihn mit sich nach der Kluft, aus der sie herabkamen.)

Loge.

>Schnell hinauf:
>dort ist er unser.

>*(Sie verschwinden, aufwärts steigend.)*

VIERTE SZENE

*Die Szene verwandelt sich, nur in umgekehrter Weise,
wie zuvor; die Verwandlung führt wieder an den
Schmieden vorüber. Fortdauernde Verwandlung nach
oben. Schließlich erscheint wieder die*

freie Gegend auf Bergeshöhen

*wie in der zweiten Szene; nur ist sie jetzt noch in fahle
Nebel verhüllt, wie vor der zweiten Verwandlung nach
Freias Abführung. Wotan und Loge, den gebundenen
Alberich mit sich führend, steigen aus der Kluft herauf.*

Loge.   Da, Vetter,
            sitze du fest!
            Luge, Liebster,
            dort liegt die Welt,
    die du Lungrer gewinnen dir willst:
            welch Stellchen, sag,
        bestimmst du drin mir zum Stall?
        (Er schlägt ihm tanzend Schnippchen.)
Alberich. Schändlicher Schächer!
            Du Schalk! Du Schelm!
            Löse den Bast,
            binde mich los,
    den Frevel sonst büßest du Frecher!
Wotan.   Gefangen bist du,
            fest mir gefesselt,
            wie du die Welt,
            was lebt und webt,
    in deiner Gewalt schon wähntest,
    in Banden liegst du vor mir.
        Du Banger kannst es nicht leugnen!
            Zu ledigen dich
            bedarf's nun der Lösung.
Alberich. Oh, ich Tropf,

> ich träumender Tor!
> Wie dumm traut' ich
> dem diebischen Trug!
> Furchtbare Rache
> räche den Fehl!

Loge.　　　Soll Rache dir frommen,
> vor allem rate dich frei:
> dem gebundnen Manne
> büßt kein Freier den Frevel.
> Drum, sinnst du auf Rache,
> rasch ohne Säumen
> sorg um die Lösung zunächst!

(Er zeigt ihm, mit den Fingern schnalzend, die Art der Lösung an.)

Alberich *(barsch).*
> So heischt, was ihr begehrt!

Wotan. Den Hort und dein helles Gold.

Alberich.
> Gieriges Gaunergezücht!
> 　　　*(Für sich.)*
> Doch behalt ich mir nur den Ring,
> des Hortes entrat ich dann leicht:
> denn von neuem gewonnen
> und wonnig genährt
> ist er bald durch des Ringes Gebot. —
> Eine Witzigung wär's,
> die weise mich macht:
> zu teuer nicht zahl ich die Zucht,
> laß für die Lehre ich den Tand.

Wotan. Erlegst du den Hort?

Alberich. Löst mir die Hand,
> so ruf ich ihn her.

(Loge löst ihm die Schlinge an der rechten Hand. Alberich berührt den Ring mit den Lippen und murmelt heimlich einen Befehl.)
> Wohlan, die Niblungen
> rief ich mir nah:
> dem Herrn gehorchend
> hör ich den Hort

         aus der Tiefe sie führen zu Tag.
         Nun löst mich vom lästigen Band!
W o t a n.   Nicht eh'r, bis alles gezahlt.
*(Die Nibelungen steigen aus der Kluft herauf, mit den
Geschmeiden des Hortes beladen. Während des Folgen-
den schichten sie den Hort auf.)*
A l b e r i c h.   O schändliche Schmach,
              daß die scheuen Knechte
         geknebelt selbst mich erschaun!
              (Zu den Nibelungen.)
              Dorthin geführt,
              wie ich's befehl!
              All zu Hauf
              schichtet den Hort!
              Helf ich euch Lahmen?
              Hieher nicht gelugt!
              Rasch da, rasch!
              Dann rührt euch von hinnen:
              daß ihr mir schafft!
              Fort in die Schachten!
         Weh euch, find ich euch faul!
         Auf den Fersen folg ich euch nach.
*(Er küßt seinen Ring und streckt ihn gebieterisch aus.
Wie von einem Schlage getroffen, drängen sich die
Nibelungen scheu und ängstlich der Kluft zu, in die sie
              schnell hinabschlüpfen.)*
              Gezahlt hab ich:
              nun laßt mich ziehn!
              Und das Helmgeschmeid,
              das Loge dort hält,
         das gebt mir nun gütlich zurück!
L o g e *(den Tarnhelm zum Horte werfend).*
         Zur Buße gehört auch die Beute.
A l b e r i c h.   Verfluchter Dieb!
              (Leise.) Doch nur Geduld!
              Der den alten mir schuf,
              schafft einen andern:
              noch halt ich die Macht,
              der Mime gehorcht.

    Schlimm zwar ist's,
    dem schlauen Feind
   zu lassen die listige Wehr!
    Nun denn! Alberich
    ließ euch alles:
   jetzt löst, ihr Bösen, das Band!

Loge *(zu Wotan).*
    Bist du befriedigt?
    Bind ich ihn frei?

Wotan.   Ein goldner Ring
    ragt dir am Finger:
    hörst du, Alp?
   Der, acht ich, gehört mit zum Hort.

Alberich *(entsetzt).*
    Der Ring?

Wotan.   Zu deiner Lösung
    mußt du ihn lassen.

Alberich *(bebend).*
   Das Leben – doch nicht den Ring!

Wotan *(heftiger).*
    Den Reif verlang ich:
   mit dem Leben mach, was du willst!

Alberich.
    Lös ich mir Leib und Leben,
   den Ring auch muß ich mir lösen:
    Hand und Haupt,
    Aug und Ohr,
    sind nicht mehr mein Eigen
   als hier dieser rote Ring!

Wotan. Dein Eigen nennst du den Ring?
   Rasest du, schamloser Albe?
    Nüchtern sag,
    wem entnahmst du das Gold,
   daraus du den schimmernden schufst?
    War's dein Eigen,
    was du Arger
   der Wassertiefe entwandt?
    Bei des Rheines Töchtern
    hole dir Rat,

      ob ihr Gold sie
      zu eigen dir gaben,
   das du zum Ring dir geraubt.

Alberich. Schmähliche Tücke,
      schändlicher Trug!
      Wirfst du Schächer
      die Schuld mir vor,
   die dir so wonnig erwünscht?
   Wie gern raubtest
  du selbst dem Rheine das Gold,
     war nur so leicht
  die List, es zu schmieden, erlangt?
      Wie glückt' es nun
      dir Gleißner zum Heil,
     daß der Niblung ich
     aus schmählicher Not,
     in des Zornes Zwange,
  den schrecklichen Zauber gewann,
   des Werk nun lustig dir lacht?
      Des Unseligsten,
      Angstversehrten
      fluchfertige,
      furchtbare Tat,
     zu fürstlichem Tand
  soll sie fröhlich dir taugen,
  zur Freude dir frommen mein Fluch?
      Hüte dich,
      herrischer Gott!
      Frevelte ich,
  so frevelt' ich frei an mir:
  doch an allem, was war,
     ist und wird,
  frevelst, Ewiger, du,
  entreißest du frech mir den Ring!

Wotan. Her den Ring!
     Kein Recht an ihm
  schwörst du schwatzend dir zu.

(Er ergreift Alberich und entzieht seinem Finger mit
      heftiger Gewalt den Ring.)

A l b e r i c h *(gräßlich aufschreiend).*
   Ha! Zertrümmert! Zerknickt!
   Der Traurigen traurigster Knecht!
W o t a n *(den Ring betrachtend).*
   Nun halt ich, was mich erhebt,
   der Mächtigen mächtigsten Herrn!
    (Er steckt den Ring an.)
L o g e. Ist er gelöst?
W o t a n. Bind ihn los!
L o g e *(löst Alberich vollends die Bande).*
   Schlüpfe denn heim!
   Keine Schlinge hält dich:
  frei fahre dahin!
A l b e r i c h *(sich vom Boden erhebend).*
   Bin ich nun frei?
    (Mit wütendem Lachen.)
   Wirklich frei?
   So grüß' euch denn
  meiner Freiheit erster Gruß!
  Wie durch Fluch er mir geriet,
  verflucht sei dieser Ring!
   Gab sein Gold
  mir Macht ohne Maß,
   nun zeug' sein Zauber
  Tod dem, der ihn trägt!
   Kein Froher soll
   seiner sich freun;
   keinem Glücklichen lache
   sein lichter Glanz!
   Wer ihn besitzt,
   den sehre die Sorge,
   und wer ihn nicht hat,
   den nage der Neid!
   Jeder giere
   nach seinem Gut,
   doch keiner genieße
   mit Nutzen sein!
  Ohne Wucher hüt' ihn sein Herr,
  doch den Würger zieh' er ihm zu!

Dem Tode verfallen,
feßle den Feigen die Furcht;
solang er lebt,
sterb' er lechzend dahin,
des Ringes Herr
als des Ringes Knecht:
bis in meiner Hand
den geraubten wieder ich halte!
So segnet
in höchster Not
der Nibelung seinen Ring!
Behalt ihn nun,
(lachend)
hüte ihn wohl,
(grimmig)
meinem Fluch fliehest du nicht!

(Er verschwindet schnell in der Kluft. Der dichte Nebel-
duft des Vordergrundes klärt sich allmählich auf.)

Loge.   Lauschtest du
seinem Liebesgruß?

Wotan *(in den Anblick des Ringes an seiner Hand*
versunken).

Gönn ihm die geifernde Lust!
(Es wird immer heller.)

Loge *(nach rechts in die Szene blickend).*

Fasolt und Fafner
nahen von fern;
Freia führen sie her.

(Aus dem sich immer mehr zerteilenden Nebel erschei-
nen Donner, Froh und Fricka und eilen dem Vorder-
grunde zu.)

Froh.   Sie kehrten zurück.

Donner. Willkommen, Bruder!

Fricka *(besorgt zu Wotan).*

Bringst du gute Kunde?

Loge *(auf den Hort deutend).*

Mit List und Gewalt
gelang das Werk:
dort liegt, was Freia löst.

Donner.　　Aus der Riesen Haft
　　　　　　naht dort die Holde.

Froh.　　　Wie liebliche Luft
　　　　　　wieder uns weht,
　　　　　　wonnig Gefühl
　　　　　　die Sinne erfüllt!
　　　　　Traurig ging es uns allen,
　　　　　getrennt für immer von ihr,
　　　　　die leidlos ewiger Jugend
　　　　　jubelnde Lust uns verleiht.

(Der Vordergrund ist wieder hell geworden; das Aus-
sehen der Götter gewinnt wieder die erste Frische: über
dem Hintergrunde haftet jedoch noch der Nebelschleier,
so daß die Burg unsichtbar bleibt. Fasolt und Fafner
treten auf, Freia zwischen sich führend.)

Fricka *(eilt freudig auf die Schwester zu, um sie zu*
　umarmen).　Lieblichste Schwester,
　　　　　　süßeste Lust!
　　　　　Bist du mir wieder gewonnen?

Fasolt *(ihr wehrend)*.
　　　　　　Halt! Nicht sie berührt!
　　　　　Noch gehört sie uns.
　　　　　　Auf Riesenheims
　　　　　　ragender Mark
　　　　　　rasteten wir:
　　　　　　mit treuem Mut
　　　　　　des Vertrages Pfand
　　　　　　pflegten wir.
　　　　　　So sehr mich's reut,
　　　　　　zurück doch bring ich's,
　　　　　　erlegt uns Brüdern
　　　　　　die Lösung ihr.

Wotan.　Bereit liegt die Lösung:
　　　　　　des Goldes Maß
　　　　　sei nun gütlich gemessen.

Fasolt.　　Das Weib zu missen,
　　　　　wisse, gemutet mich weh:
　　　　　soll aus dem Sinn sie mir schwinden,
　　　　　　des Geschmeides Hort

                           häufet denn so,
                           daß meinem Blick
                      die Blühende ganz er verdeck'!
W o t a n.   So stellt das Maß
                      nach Freias Gestalt.

(Freia wird von den beiden Riesen in die Mitte gestellt.
Darauf stoßen sie ihre Pfähle zu Freias beiden Seiten
so in den Boden, daß sie gleiche Höhe und Breite mit
*   ihrer Gestalt messen.)*

F a f n e r.   Gepflanzt sind die Pfähle
                      nach Pfandes Maß:
                      gehäuft nun füll es der Hort.
W o t a n.   Eilt mit dem Werk:
                      widerlich ist mir's!
L o g e.   Hilf mir, Froh!
F r o h.   Freias Schmach
                      eil ich zu enden.

(Loge und Froh häufen hastig zwischen den Pfählen die
*   Geschmeide.)*

F a f n e r.   Nicht so leicht
                      und locker gefügt!

(Er drückt mit roher Kraft die Geschmeide dicht zu-
*   sammen.)*

                      Fest und dicht
                      füll er das Maß!

*   (Er beugt sich, um nach Lücken zu spähen.)*

                      Hier lug ich noch durch:
                      verstopft mir die Lücken!
L o g e.   Zurück, du Grober!
F a f n e r.   Hierher!
L o g e.   Greif mir nichts an!
F a f n e r. Hierher! Die Klinze verklemmt!
W o t a n *(unmutig sich abwendend).*
                      Tief in der Brust
                      brennt mir die Schmach.
F r i c k a *(den Blick auf Freia geheftet).*
                      Sieh, wie in Scham
                      schmählich die Edle steht:
                      um Erlösung fleht

           stumm der leidende Blick.
              Böser Mann!
           Der Minnigen botest du das!

Fafner. Noch mehr! Noch mehr hierher!

Donner. Kaum halt ich mich:
              schäumende Wut
          weckt mir der schamlose Wicht!
              Hieher, du Hund!
              Willst du messen,
          so miß dich selber mit mir!

Fafner. Ruhig, Donner!
              Rolle, wo's taugt:
          hier nützt dein Rasseln dir nichts!

Donner *(holt aus)*.
          Nicht dich Schmählichen zu zerschmettern?

Wotan. Friede doch!
          Schon dünkt mich Freia verdeckt.

Loge. Der Hort ging auf.

Fafner *(mißt den Hort genau mit dem Blick und späht nach Lücken).*
          Noch schimmert mir Holdas Haar:
              dort das Gewirk
              wirf auf den Hort!

Loge. Wie, auch den Helm?

Fafner. Hurtig her mit ihm!

Wotan. Laß ihn denn fahren!

Loge *(wirft den Tarnhelm auf den Hort).*
          So sind wir denn fertig.
          Seid ihr zufrieden?

Fasolt. Freia, die schöne,
          schau ich nicht mehr:
          so ist sie gelöst?
          Muß ich sie lassen?

   (Er tritt nahe hinzu und späht durch den Hort.)
          Weh! Noch blitzt
              ihr Blick zu mir her;
          des Auges Stern
          strahlt mich noch an:
          durch eine Spalte

    muß ich's erspähn!
     (Außer sich.)
   Seh ich dies wonnige Auge,
   von dem Weibe laß ich nicht ab.

Fafner. He! Euch rat ich,
     verstopft mir die Ritze!

Loge.   Nimmersatte!
     Seht ihr denn nicht,
     ganz schwand uns der Hort?

Fafner. Mitnichten, Freund!
     An Wotans Finger
     glänzt von Gold noch ein Ring,
     den gebt, die Ritze zu füllen!

Wotan. Wie! Diesen Ring?

Loge.   Laßt euch raten!
     Den Rheintöchtern
     gehört dies Gold:
     ihnen gibt Wotan es wieder.

Wotan. Was schwatzest du da?
     Was schwer ich mir erbeutet,
     ohne Bangen wahr ich's für mich.

Loge.   Schlimm dann steht's
     um mein Versprechen,
     das ich den Klagenden gab.

Wotan. Dein Versprechen bindet mich nicht:
     als Beute bleibt mir der Reif.

Fafner. Doch hier zur Lösung
     mußt du ihn legen.

Wotan. Fordert frech, was ihr wollt:
     alles gewähr ich,
     um alle Welt
     doch nicht fahren laß ich den Ring!

Fasolt *(zieht wütend Freia hinter dem Horte hervor).*
     Aus dann ist's,
     beim Alten bleibt's:
     nun folgt uns Freia für immer!

Freia.   Hilfe! Hilfe!

Fricka. Harter Gott,
     gib ihnen nach!

F r o h.   Spare das Gold nicht!

D o n n e r.   Spende den Ring doch!

(Fafner hält den fortdrängenden Fasolt noch auf; alle
stehen bestürzt.)

W o t a n.   Laßt mich in Ruh!
                Den Reif geb ich nicht.

(Wotan wendet sich zürnend zur Seite. Die Bühne hat
sich von neuem verfinstert; aus der Felskluft zur Seite
bricht ein bläulicher Schein hervor: in ihm wird plötz-
lich Erda sichtbar, die bis zu halber Leibeshöhe aus der
Tiefe aufsteigt; sie ist von edler Gestalt, weithin von
schwarzem Haar umwallt.)

E r d a *(die Hand mahnend gegen Wotan ausstreckend).*
         Weiche, Wotan, weiche!
         Flieh des Ringes Fluch!
            Rettungslos
            dunklem Verderben
         weiht dich sein Gewinn.

W o t a n.   Wer bist du, mahnendes Weib?

E r d a.   Wie alles war, weiß ich;
            wie alles wird,
            wie alles sein wird,
            seh ich auch:
            der ew'gen Welt
            Ur-Wala,
         Erda mahnt deinen Mut.
            Drei der Töchter,
            ur-erschaffne,
            gebar mein Schoß:
            was ich sehe,
         sagen dir nächtlich die Nornen.
            Doch höchste Gefahr
            führt mich heut
            selbst zu dir her:
         Höre! Höre! Höre!
         Alles, was ist, endet.
            Ein düstrer Tag
            dämmert den Göttern:
         dir rat ich, meide den Ring!

(Sie versinkt langsam bis an die Brust, während der
bläuliche Schein zu dunkeln beginnt.)

W o t a n.   Geheimnis-hehr
                  hallt mir dein Wort:
                  weile, daß mehr ich wisse!

E r d a *(im Versinken).*
                  Ich warnte dich –
                  du weißt genug:
                  sinn in Sorg und Furcht!
                  (Sie verschwindet gänzlich.)

W o t a n. Soll ich sorgen und fürchten –
            dich muß ich fassen,
            alles erfahren!

(Er will der Verschwindenden in die Kluft nach, um sie
zu halten. Froh und Fricka werfen sich ihm entgegen und
halten ihn zurück.)

F r i c k a.   Was willst du, Wütender?

F r o h.   Halt ein, Wotan!
                Scheue die Edle,
                achte ihr Wort!

W o t a n *(starrt sinnend vor sich hin).*

D o n n e r *(sich entschlossen zu den Riesen wendend).*
                Hört, ihr Riesen!
                Zurück und harret:
                das Gold wird euch gegeben.

F r e i a.   Darf ich es hoffen?
                Dünkt euch Holda
                wirklich der Lösung wert?

(Alle blicken gespannt auf Wotan; dieser nach tiefem
Sinnen zu sich kommend, erfaßt seinen Speer und
schwenkt ihn wie zum Zeichen eines mutigen Entschlusses.)

W o t a n.   Zu mir, Freia!
                Du bist befreit.
                Wiedergekauft
                kehr uns die Jugend zurück!
                Ihr Riesen, nehmt euren Ring!
                (Er wirft den Ring auf den Hort.)

(Die Riesen lassen Freia los; sie eilt freudig auf die

Götter zu, die sie abwechselnd längere Zeit in höchster
Freude liebkosen.)

F a f n e r *(breitet sogleich einen ungeheuren Sack aus*
und macht sich über den Hort her, um ihn da hinein-
zuschichten).

F a s o l t *(dem Bruder sich entgegenwerfend).*
> Halt, du Gieriger!
> Gönne mir auch was!
> Redliche Teilung
> taugt uns beiden.

F a f n e r. Mehr an der Maid als am Gold
> lag dir verliebtem Geck:
> mit Müh zum Tausch
> vermocht' ich dich Toren.
> Ohne zu teilen,
> hättest du Freia gefreit:
> teil ich den Hort,
> billig behalt ich
> die größte Hälfte für mich.

F a s o l t. Schändlicher du!
> Mir diesen Schimpf?
> *(Zu den Göttern.)*
> Euch ruf ich zu Richtern:
> teilet nach Recht
> uns redlich den Hort!
(Wotan wendet sich verächtlich ab.)

L o g e. Den Hort laß ihn raffen:
> halte du nur auf den Ring!

F a s o l t *(stürzt sich auf Fafner, der immerzu einge-*
sackt hat). Zurück, du Frecher!
> Mein ist der Ring;
> mir blieb er für Freias Blick.
(Er greift hastig nach dem Reif. Sie ringen.)

F a f n e r. Fort mit der Faust!
> Der Ring ist mein!
> *(Fasolt entreißt Fafner den Ring.)*

F a s o l t. Ich halt ihn, mir gehört er!

F a f n e r *(mit einem Pfahle nach Fasolt ausholend).*
> Halt ihn fest, daß er nicht fall'!

(Er streckt Fasolt mit einem Streiche zu Boden, dem
  Sterbenden entreißt er dann hastig den Ring.)
            Nun blinzle nach Freias Blick:
            an den Reif rührst du nicht mehr!
(Er steckt den Ring in den Sack und rafft dann gemäch-
lich vollends den Hort ein. Alle Götter stehen entsetzt.
            Langes, feierliches Schweigen.)

Wotan.   Furchtbar nun
            erfind ich des Fluches Kraft!

Loge.   Was gleicht, Wotan,
            wohl deinem Glücke?
            Viel erwarb dir
            des Ringes Gewinn;
            daß er nun dir genommen,
            nützt dir noch mehr:
            deine Feinde – sieh,
            fällen sich selbst
            um das Gold, das du vergabst.

Wotan *(tief erschüttert).*
            Wie doch Bangen mich bindet!
            Sorg und Furcht
            fesseln den Sinn;
            wie sie zu enden,
            lehre mich Erda:
            zu ihr muß ich hinab!

Fricka *(schmeichelnd sich an ihn schmiegend).*
            Wo weilst du, Wotan?
            Winkt dir nicht hold
            die hehre Burg,
            die des Gebieters
            gastlich bergend nun harrt?

Wotan *(düster).*
            Mit bösem Zoll
            zahlt' ich den Bau!

Donner *(auf den Hintergrund deutend, der noch in*
  Nebel gehüllt ist).
            Schwüles Gedünst
            schwebt in der Luft;
            lästig ist mir

> der trübe Druck:
> das bleiche Gewölk
> samml' ich zu blitzendem Wetter;
> das fegt den Himmel mir hell.

(Er besteigt einen hohen Felsstein am Talabhange und schwingt dort seinen Hammer; Nebel ziehen sich um ihn zusammen.)

> He da! He da! He do!
> Zu mir, du Gedüft!
> Ihr Dünste, zu mir!
> Donner, der Herr,
> ruft euch zu Heer!
>
> *(Er schwingt den Hammer.)*
>
> Auf des Hammers Schwung
> schwebet herbei:
> dunstig Gedämpf!
> schwebend Gedüft!
> Donner, der Herr, ruft euch zu Heer!
> He da! He da! He do!

(Er verschwindet völlig in einer immer finsterer sich ballenden Gewitterwolke. Man hört Donners Hammerschlag schwer auf den Felsstein fallen: ein starker Blitz entfährt der Wolke; ein heftiger Donnerschlag folgt. Froh ist mit dem Gewölk verschwunden.)

DONNER *(unsichtbar)*.

> Bruder, hieher!
> Weise der Brücke den Weg!

(Plötzlich verzieht sich die Wolke; Donner und Froh werden sichtbar: von ihren Füßen aus zieht sich, mit blendendem Leuchten, eine Regenbogenbrücke über das Tal hinüber bis zur Burg, die jetzt, von der Abendsonne beschienen, im hellsten Glanze erstrahlt. Fafner, der neben der Leiche seines Bruders endlich den ganzen Hort eingerafft, hat, den ungeheuren Sack auf dem Rücken, während Donners Gewitterzauber die Bühne verlassen.)

FROH *(der der Brücke mit der ausgestreckten Hand den Weg über das Tal angewiesen, zu den Göttern)*.

> Zur Burg führt die Brücke,
> leicht, doch fest eurem Fuß:

                    beschreitet kühn
                    ihren schrecklosen Pfad!
(Wotan und die andern Götter sind sprachlos in den
            prächtigen Anblick verloren.)
W o t a n.   Abendlich strahlt
                    der Sonne Auge;
                    in prächt'ger Glut
            prangt glänzend die Burg.
                    In des Morgens Scheine
                    mutig erschimmernd,
                    lag sie herrenlos
            hehr verlockend vor mir.
                    Von Morgen bis Abend
                    in Müh und Angst
            nicht wonnig ward sie gewonnen!
                    Es naht die Nacht:
                    vor ihrem Neid
            biete sie Bergung nun.
(Wie von einem großen Gedanken ergriffen, sehr ent-
                schlossen.)
                    So grüß ich die Burg,
                    sicher vor Bang und Graun –
                    (Er wendet sich feierlich zu Fricka.)
                    Folge mir, Frau:
                    in Walhall wohne mit mir!
F r i c k a.   Was deutet der Name?
                    Nie, dünkt mich, hört' ich ihn nennen.
W o t a n.   Was, mächtig der Furcht,
                    mein Mut mir erfand,
                    wenn siegend es lebt,
                    leg es den Sinn dir dar!
(Er faßt Fricka an der Hand und schreitet mit ihr lang-
    sam der Brücke zu; Froh, Freia und Donner folgen.)
L o g e *(im Vordergrunde verharrend und den Göttern*
    nachblickend).
                    Ihrem Ende eilen sie zu,
                    die so stark im Bestehen sich wähnen.
                    Fast schäm ich mich,
                    mit ihnen zu schaffen;

zur leckenden Lohe
mich wieder zu wandeln,
spür ich lockende Lust.
Sie aufzuzehren,
die einst mich gezähmt,
statt mit den Blinden
blöd zu vergehn,
und wären es göttlichste Götter!
Nicht dumm dünkte mich das!
Bedenken will ich's:
wer weiß, was ich tu!

(Er geht, um sich den Göttern in nachlässiger Haltung
anzuschließen. Aus der Tiefe hört man den Gesang der
Rheintöchter heraufschallen.)

Die drei Rheintöchter *(in der Tiefe des Tales,*
unsichtbar). Rheingold! Rheingold!
Reines Gold!
Wie lauter und hell
leuchtest hold du uns!
Um dich, du klares,
wir nun klagen!
Gebt uns das Gold!
O gebt uns das reine zurück!

Wotan *(im Begriff, den Fuß auf die Brücke zu setzen,*
hält an und wendet sich um).
Welch Klagen klingt zu mir her?

Loge *(späht in das Tal hinab).*
Des Rheines Kinder
beklagen des Goldes Raub.

Wotan. Verwünschte Nicker!
(Zu Loge.)
Wehre ihrem Geneck!

Loge *(in das Tal hinabrufend).*
Ihr da im Wasser,
was weint ihr herauf?
Hört, was Wotan euch wünscht.
Glänzt nicht mehr
euch Mädchen das Gold,

in der Götter neuem Glanze
sonnt euch selig fortan!
(Die Götter lachen und beschreiten dann die Brücke.)
D i e R h e i n t ö c h t e r *(aus der Tiefe).*
Rheingold! Rheingold!
Reines Gold!
O leuchtete noch
in der Tiefe dein lautrer Tand!
Traulich und treu
ist's nur in der Tiefe:
falsch und feig
ist, was dort oben sich freut!
(Während die Götter auf der Brücke der Burg zuschreiten, fällt der Vorhang.)